诗意人生

莫砺锋 著

江苏人民出版社

图书在版编目（CIP）数据

诗意人生 / 莫砺锋著. -- 南京：江苏人民出版社，2025.7. -- ISBN 978-7-214-29663-4

Ⅰ．K825.6

中国国家版本馆CIP数据核字第2024XT1376号

书　　　名	诗意人生
著　　　者	莫砺锋
责 任 编 辑	胡海弘
装 帧 设 计	潇　枫
责 任 监 制	王　娟
出 版 发 行	江苏人民出版社
地　　　址	南京市湖南路1号A楼，邮编：210009
照　　　排	江苏凤凰制版有限公司
印　　　刷	苏州工业园区美柯乐制版印务有限责任公司
开　　　本	889毫米×1194毫米　1/32
印　　　张	11.5　插页 4
字　　　数	199千字
版　　　次	2025年7月第1版
印　　　次	2025年7月第1次印刷
标 准 书 号	ISBN 978-7-214-29663-4
定　　　价	88.00元

（江苏人民出版社图书凡印装错误可向承印厂调换）

重版前言

《诗意人生》这本小书的第三版即将问世,应出版社的要求,我对本书的来龙去脉作一简单的说明。

本书原是我承担的一个教育部科研项目的成果。当今的高校教师,承担项目是义不容辞的必要工作。虽然我从心底里不喜欢申请项目,但身为南京大学中国古代文学这个"国家重点学科"的成员兼"学术带头人",我也无法袖手旁观,于是身不由己地承担过几个不同层次的项目。毋庸讳言,那些项目的成果往往是厚厚的学术专著,虽然通过验收甚至获得好评,但多半会被广大读者弃之不顾,最后成为图书馆里束之高阁的覆瓿之物。本书则是个例外。2012年,教育部启动了"哲学社会科学研究普及读物项目",我应学校的要求参与其中,以"诗意人生"为题申报获准,一年后结项,并于2014年由江苏人民出版社出版发行,成为《诗意人生》这本小书的第一版。当然,按照项目管理条例,该书的封面与扉页上都印着"教育部哲学社会科学研究普及读物项目"一行醒目的大字。使我大感意外的是,本书竟然受到读者的热烈欢迎,几次重印之后,江苏人民出版社遂于2020年将它从原项目的丛书中抽出来单独重版,成为本书的第二版,封面与扉页上不再出现项目名称的那行字样,表明本书已经摆脱"项目"的性质而成为一本普通的个人著作。又过了五年,江苏人民出版社决定再次重版本书,并让我对内容稍作修订,于是有了本书的第三版。本人何德何能,一本戋戋小书竟在十年之间三度付梓,从而摆脱覆瓿覆瓽的宿命。我衷心感谢读者朋友对我及本书的错爱与谬赏!

借此机会,我把撰写本书初稿时心中已有但并未写进书稿的一点看法向读者交代清楚。"诗意人生"这个题目,很容易让人联想到"诗意栖居"的命题。而说到"诗意栖居",当然难以摆脱荷尔德林这位德国诗人与海德格尔这位德国哲学家。我在动手撰写书稿前对这两位德国人并非毫无所知,但思之再三,决定对他们不予考虑。我这样做的原因非常简单:第一,荷尔德林(1770—1843)在《在柔媚的湛蓝中》中写出"劬劳功烈,人却诗意地栖居在大地上"之句,其时已在十九世纪。而海德格尔首次作题为《荷尔德林和诗的本质》的演讲,是在1936年。我的《诗意人生》中所写的六位中国诗人中,年代最晚的是辛弃疾(1140—1207),他们的时代要比荷尔德林与海德格尔早七百年以上。如果我们无法证明这两位德国人对六位中国古代诗人有所知闻,那就只能断定两者之间风马牛不相及。第二,海德格尔从荷尔德林的诗歌引申、发展出"诗意栖居"的命题,其主要途径是以"此在"为基础对"存在"进行本体论的解释,始终囿于概念辨析与哲理思考的范畴,到了晚期干脆提出以"天、地、人、神"的四重结构作为诗意栖居的终极框架,与实际人生并无紧密联系。正因如此,海氏在实际行为中热衷名利,甚至与纳粹有着不清不白的关系,这与中国诗人重视在人生践履中坚持人格操守的价值取向南辕北辙,所以本书中论述的诗意人生或诗意生存与海氏的"诗意栖居"毫无关系。虽然我对"栖居"这个汉语词汇甚有好感,也只好在本书中弃而不用,以免造成对读者的误导。

希望爱读本书的读者朋友一如既往地对本书的缺点与错误直言不讳,我一定恪守"闻过则喜"与"过则勿惮改"的先圣遗训来对本书进行修改、订正。请朋友们预先接受我的衷心感谢。

第二章 · 隐士陶渊明

一 躬耕陇亩的隐士 —— 083

二 污浊泥塘中的皎洁白莲 —— 091

三 简朴生活的诗意升华 —— 102

四 桃花源的理想境界 —— 112

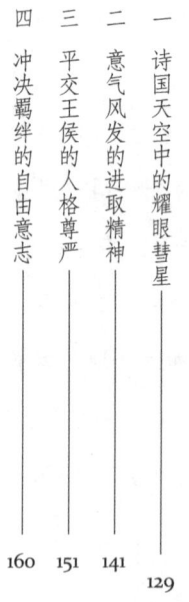

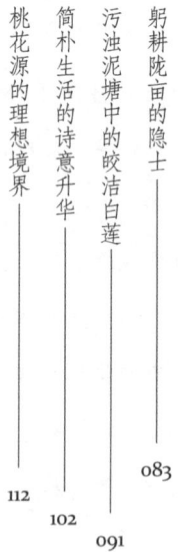

第三章 · 豪士李白

一 诗国天空中的耀眼彗星 —— 129

二 意气风发的进取精神 —— 141

三 平交王侯的人格尊严 —— 151

四 冲决羁绊的自由意志 —— 160

目录

- 引言
- 中华文化与诗意生存
  - 一 以人为本的文化精神 —— 003
  - 二 富有诗意的人生态度 —— 009
  - 三 抒情：诗歌的本质 —— 017
  - 四 超越：诗歌的功能 —— 023
  - 五 读诗：通向诗意生存的门径 —— 029

- 第一章
- 烈士屈原
  - 一 以生命铸成一首诗 —— 043
  - 二 故国之恋与美政之思 —— 050
  - 三 悲怆壮烈的生命颂歌 —— 059
  - 四 龙舟角黍的无尽哀思 —— 067

第六章 · 侠士辛弃疾

一 却将万字平戎策,换得东家种树书 —— 279
二 雄才大略与事必躬亲 —— 288
三 侠骨豪情与铁板铜琶 —— 297
四 跳动心灵在山水田园中的安顿 —— 306

尾 声 · 迈向诗意的人生境界

一 超越是诗意人生的共同本质 —— 319
二 其他形式的诗意生存 —— 327
三 诗意观照下的生活细节 —— 343

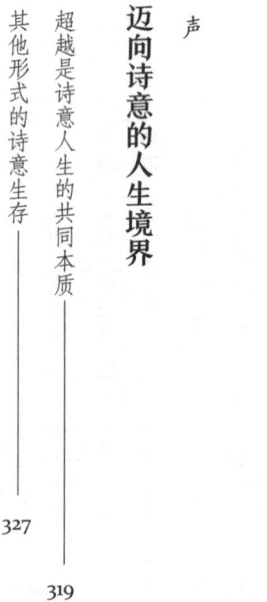

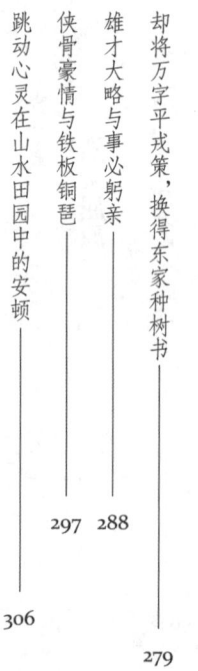

第四章 · 儒士杜甫

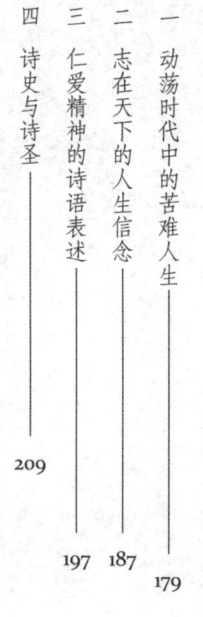

一 动荡时代中的苦难人生 —— 179

二 志在天下的人生信念 —— 187

三 仁爱精神的诗语表述 —— 197

四 诗史与诗圣 —— 209

第五章 · 居士苏轼

一 问汝平生功业：黄州惠州儋州 —— 229

二 面折廷争与万家忧乐 —— 238

三 热爱人生与奋发有为 —— 248

四 一蓑烟雨任平生 —— 258

引言

中华文化与诗意生存

一 以人为本的文化精神

相传古希腊的德尔斐神庙上镌刻着一句箴言:"认识你自己!"然而在事实上,古希腊人经常把崇拜的目光对着天庭,倒是生活在遥远东方的中华民族才时刻关注着自身。从总体上说,中华文明从一开始就是一种以人本精神为基石的人类文明,中华民族是世界上最早认识到人类自身的创造力量的民族。众所周知,火是人类最早掌握的自然力。古希腊人认为火种是普罗米修斯从天庭盗来馈赠给人类的,而中华的先民却认为这是他们中的一员——燧人氏自己发明的。这典型地反映出中华文化与古代西方文化的精神差异:西方人把希望寄托于天上的神灵,中华的先民却对自身的力量充满了自信。在中国古代的神话体系中,女娲补天、后羿射日、大禹治水等神话传说其实都是人间英雄和氏族首领的非凡事迹的文学表述。女娲等人的神格其实就是崇高伟大人格的升华,他们与希腊神话中那些高居天庭俯视人间有时还任意惩罚人类的诸神是完全不同的。中国古代神话中的有巢氏、燧人氏、神农氏等人物分别发明了筑室居住、钻木取火及农业生产,而黄帝及其周围的传说人物更被看作中国古代各种生产技术及文化知识的发明者(如嫘祖发明蚕桑,仓颉

仿唐人大禹治水图
清·谢遂
台北故宫博物院藏

发明文字,伶伦制定乐律等)。中国的神话人物主要不是作为人类的异己力量出现,而是人类自身力量的凝聚和升华。神话人物的主要活动场所是人间,他们的主要事迹是除害安民、发明创造,实即人类早期生产活动的艺术夸张。请看《孟子·滕文公上》中对大禹治水事迹的叙述:"当尧之时,天下犹未平,洪水横流,泛滥于天下。……禹疏九河,瀹济漯而注诸海,决汝汉,排淮泗而注之江,然后中国可得而食也。当是时也,禹八年于外,三过其门而不入。"这分明是一位人间领袖的英雄事迹,哪里有丝毫的神话色彩?有人说这是儒家对传说进行信史化的结果,但儒家的思想正是中华先民的集体观念的理论表述,这仍然体现着中华传统文化的人本精神。

既然中华的先民们确信文化是他们自己创造的,这种文化就必然以人为其核心。追求人格的完善,追求人伦的幸福,追求人与自然的和谐便成为中华文化的核心价值取向。在中华文化中,人不是匍匐在诸神脚下的可怜虫,更不是生来就负有原罪的天国弃儿,相反,人是宇宙万物的中心,是衡量万物价值的尺度。人的道德准则并非来自神的诫命,而是源于人的本性。人的智慧也并非来自神的启示,而是源于人的内心。这种思维定势为中华文化打下了深刻的民族烙印,那就是以人为本的精神。《尚书·泰誓上》说:"惟天地,万物父母。惟人,万物之灵。"《礼记·礼运》则说:"故人者,其天地之德,阴阳之交,鬼神之会,五行之秀气也。"这些论断颇能代表古代中国人对人在宇宙间地位的确定。正因如此,先秦的诸子百家虽然议论蜂起,势若水火,但他们都以人为思考的主要对象。他们的智慧都是人生的智慧,他们的关怀对象都是现实的人生。

由此而导致的结果是:当其他民族对宙斯、耶和华、安拉的至高权威顶礼膜拜时,中华的先民却把人间的圣贤当作崇敬、仿效的对象;当其他民族把人生的最高目标设定为进入天国以求永生时,中华的先民却以"立德、立功、立言"等生前的建树以实现生命的不朽;当其他民族从宗教感情中获取灵魂的净化剂或愉悦感时,中华的先民却从日常人伦中追求仁爱心和幸福感;当其他民族把全部智慧投入形而上学的沉思冥想时,中华的先民却认为解决人间的实际问题才是思想家的当务之急。也就是说,中华民族的一切价值追求都是在现实人生中实现的,他们从来不以虚幻的彼岸为归宿,也从来不把哲理性的沉思视为实现人生超越的途径。一句话,中华先民的理想国就在人间,正如章太炎所说:"国民常性,所察在政事日用,所务在工商耕稼,志尽于有生,语绝于无验。"[1]这样,中华先民关注的重点即在他们自身,他们的肯定、热爱、敬畏也都施于其同类,而不是俄林波斯圣山上的神祇或柏拉图所说的"哲学王"。一个鲜明的例证是,中国古代的文艺作品都与人间的现实生活息息相关:仰韶文化的大量彩陶器具上所绘的鱼鸟图案,无论是意味着图腾崇拜、生殖崇拜还是祈祷狩猎有获,都反映着人们在实际生活中的诉求。至于在河姆渡文化、大汶口文化中都有发现的陶鬶,或呈猪形,或呈狗形,更是先民畜牧生产的直接表现。最早的古代歌谣也都是人间的产物,例如记载在甲骨上的一段上古卜辞:"癸卯卜,今日雨。其自西来雨?其自东来雨?其自北来雨?其自南来雨?"它生动地表达了人们对雨水的期待,倾注着以农为本的古代先民的喜怒哀乐。对于古代艺术的这种性质,先民们有着清醒的认识。《吕氏春秋·仲夏纪》记载:"昔葛天氏之乐,三人操牛尾,投足以歌八阕:一曰载民,二曰玄鸟,三曰遂草木,四曰奋五谷,五曰敬天帝,六曰建帝功,七曰依地德,八曰总禽兽之极。"这里记录的是上古时代歌、乐、舞融为一体的综合艺术表

---

[1]《驳建立孔教议》,《章太炎政论选集》下册,中华书局1977年版,第689页。

演,它所再现的内容显然正是当时的生产活动和社会活动。虽然在中华文明史初期产生的艺术品也有以祭祀鬼神为用途的,但是只要对中国古代艺术进行历时性的考察,就可以清晰地看出随着时代的推进,人本精神越来越成为占压倒优势的价值取向。例如商周两代的青铜器上的纹饰,从早期的神秘诡异的饕餮图案逐渐转变为后期的圆润柔和的几何纹饰;又如汉代的墓葬壁画中常见伏羲女娲蛇躯交尾之类的神话题材,而唐代的同类壁画却以宴饮、耕牧等人间生活为主要内容。至于在思想界,则从孔子开始就确立了"不语怪、力、乱、神"[1]的原则。孔子教导弟子说:"未能事人,焉能事鬼?""未知生,焉知死?"(《论语·先进》)对于鬼神及彼岸世界等既无法证实,又无法证伪的命题采取存而不论的态度,既是机敏睿智,更是实事求是,因为先民们思考的对象就是人间,就是现世,以人为本就是中华文化的核心精神。

---

[1] 宋人谢良佐说:"圣人语常而不语怪,语德而不语力,语治而不语乱,语人而不语神。"(见朱熹《四书章句集注》,中华书局1983年版,第98页。)解释得相当准确。

二　富有诗意的人生态度

对于中华文化的上述特征,信仰宗教的西方人定会感到诧异:如果没有神光的照射,这样的人生不是太平凡、太卑微了吗?沉迷于哲学冥想的西方人也会感到诧异:如果没有植根于概念、范畴、逻辑的形而上学的沉思,这样的人生不是太浅薄、太无味了吗?其实,中华文化与西方文化本是长期互相隔绝并独立发展的异质文化,它们之间存在着差异,但并无高低之分。中华先民具有独特的人生态度和生活方式,他们不需经过宗教的神秘仪式便能把平凡、卑微的现实人生进行升华,使之进入崇高、美丽的境界;他们不需要经过形而上学的繁复思考便能领悟人生的真谛。中华文明历经的数千年发展过程已经证实了这种可能性,19、20世纪的西方现代思想也从反面证实了这种可能性。尼采喊出"上帝死了",显然包含着对基督教神学长期遮蔽人性的批判。海德格尔则认为必须扫除西方自柏拉图以来的整部形而上学史的迷雾,才能揭示存在的真正本质。这样说来,从源初开始便很少受到宗教神学和形而上学思考的双重遮蔽,未必不是中华民族在领悟人生真谛时的独特优势。

那么,中华先民们究竟是如何感受人生、领悟人生

真谛的呢？让我们以春秋战国时代最重要的两位思想家孔子、庄子为例。孔子自述其志说："饭疏食，饮水，曲肱而枕之，乐亦在其中矣。不义而富且贵，于我如浮云。"对此，朱熹的解说是："圣人之心，浑然天理，虽处困极，而乐亦无不在焉。其视不义之富贵，如浮云之无有，漠然无所动于其中也。"[1]孔子还曾让弟子们各言其志，曾点说："暮春者，春服既成，冠者五六人，童子六七人，浴

【1】朱熹《四书章句集注》，中华书局1983年版，第97页。

春游晚归图
明·仇英
台北故宫博物院藏

乎沂,风乎舞雩,咏而归。"孔子喟然叹曰:"吾与点也!"对此,朱熹的解说是:"曾点之学,盖有以见夫人欲尽处,天理流行,随处充满,无少欠阙。故其动静之际,从容如此。而言其志,则又不过即其所居之位,乐其日用之常,初无舍己为人之意。而其胸次悠然,直与天地万物上下同流,各得其所之妙,隐然自见于言外。视三子之规规于事为之末者,其气象不侔矣。故夫子叹息而深许之。"[1]孔子为了实现其政治理想,栖栖惶惶,席不暇暖。在政治活动彻底失败后,又以韦编三绝的精神从事学术和教育工作,真正做到了"发愤忘食,乐而忘忧,不知老之将至"。正是这种积极有为的人生态度使他对生命感到充实、自信,从而在对真与善的追求中实现了审美的愉悦感,并升华进入诗的境界,这就是为后儒叹慕不已的"孔颜乐处"。

孔子如此,庄子又如何不是这样?庄子虽是以浪漫的态度对待人生的,他所追求的是超越现实环境的绝对自由,但在追求人生的精神境界而鄙薄物质享受这一点上则与儒家殊途同归。《庄子·让王》中以寓言笔法描写了两位孔门高足的生活状态:"原宪居鲁,环堵之室,

---

[1] 朱熹《四书章句集注》,中华书局1983年版,第130页。

茨以生草,蓬户不完,桑以为枢,而瓮牖二室,褐以为塞,上漏下湿,匡坐而弦歌。""曾子居卫,缊袍无表,颜色肿哙,手足胼胝。三日不举火,十年不制衣,正冠而缨绝,捉衿而肘见,纳履而踵决。曳縰而歌商颂,声满天地,若出金石。"这种安贫乐道的生活态度是儒、道两家共有的,庄子对原宪、曾参生活的描写可谓合理的虚构。庄子在上文之后还有几句评说:"天子不得臣,诸侯不得友。故养志者忘形,养形者忘利,致道者忘心矣。"正是在这种潇洒、浪漫的人生态度的基础上,庄子才能在自由的精神世界中展翅翱翔。

儒、道两家相反相成,构成了中华民族的基本人生思想,他们对人生的诗意把握足以代表中华民族的文化心理特征。儒、道两家对人生的态度,有学者称之为艺术的或审美的人生观[1],我觉得不如称之为诗意的人生观更为确切。因为那种执着而又潇洒的生活态度,那种基于自身道德完善的愉悦感,那种对朴素单纯之美的领悟,那种融真善美为一体的价值追求,除了"诗"这个词以外简直无以名之!

那么,为什么中华文化得天独厚地具备追求诗意人

---

[1] 参看徐复观《中国艺术精神》、林语堂《生活的艺术》。

生的内在可能性呢？换句话说，为什么中华文化能成为抒情诗茁壮生长的丰沃土壤呢？我们不妨以西方文化作为参照物来作一些考察。柏拉图是古希腊最为权威的思想家，至少在十五世纪以前，柏拉图的理论对欧洲的思想有着决定性的影响。由于柏拉图认为人类社会只是"理式世界"的摹本[1]，所以把人间生活作为描写对象的诗人是应被逐出"理想国"的。他告诫说："你心里要有把握，除掉颂神的和赞美好人的诗歌以外，不准一切诗歌闯入国境，如果让步，准许甜言蜜语的抒情诗或史诗进来，你的国家的皇帝就是快感和痛感，而不是法律和古今公认的最好的道理了。"[2]在古希腊的文化体系中，柏拉图的观点是完全合理的：既然世界的主宰是天上的诸神，既然人类是匍匐在诸神脚下的渺小生灵，那么以人类生活及其思想感情为内容的诗歌还能有什么价值呢？而且既然人类的一切力量都来自神的恩赐，那么诗人的灵感又如何能例外呢？柏拉图说："神对于诗人们像对于卜家和预言家一样，夺去他们的平常理

---

[1] 所谓"理式世界"其实就是"神的世界"的代名词，参看朱光潜《西方美学史》，人民文学出版社1984年版，第23—50页。
[2] 《理想国》卷十，《柏拉图文艺对话集》，人民文学出版社1959年版，第81页。

智,用他们作代言人,正因为要使听众知道,诗人并非借自己的力量在无知无觉中说出那些珍贵的辞句,而是由神凭附着来向人说话。"[1]尽管在古希腊并非没有抒情诗,九位缪斯中位列第二的欧忒尔佩即是司抒情诗的,但是缪斯毕竟是女神而不是凡人,她们甚至禁止人类与她们竞赛诗艺。所以古希腊人重视的是歌颂神灵的史诗,而不是以日常生活为内容的抒情诗。我们从古希腊的文化中经常看到对诸神和英雄的歌颂,却很少发现对平凡生活的诗化处理。柏拉图虽然想象着会有"神力凭附"赐给诗人以灵感,但是现实世界里怎能有人像扶乩似的写出好诗来?所以在古代西方文化中,诗的主体(诗人)与诗的客体(内容)是分离的,而且不在同一个层次上,这几乎从理论上釜底抽薪地消除了一切抒情诗存在的合理性。这从反面证明,与古希腊文化南辕北辙的中华文化才是抒情诗最合适的发生背景。在中华文化中,诗歌的主体是人,诗歌描写的客体也是人,所以诗歌创作是人们自然而然的情感流露,就像《诗大序》所描绘的那样:"诗者,志之所之也。在心为志,发言为诗。

---

[1]《伊安篇》,《柏拉图文艺对话集》,人民文学出版社1959年版,第7—8页。

情动于中而形于言,言之不足,故嗟叹之。嗟叹之不足,故永歌之。永歌之不足,不知手之舞之,足之蹈之也。"这个过程无需乞灵于神祇的参与,也不会导致迷失自我心智的迷狂状态。它从人出发,又以人为归宿。它既符合理性,也符合诗歌的本来性质。于是,以抒情为基本功能的诗歌成为中华文化最耀眼的一道光彩,而赤县神州注定要成为中华先民诗意生存的乐土。

三 抒情：诗歌的本质

如上所述，在中华先民的生活中，对诗意的追求就是最显著的民族特征。正是在这种文化土壤中，"诗言志"成为中国诗歌的开山纲领。"诗言志"首见于《尚书·尧典》，虽说它不一定真是产生于尧舜时代，但它在先秦时代早已深入人心，且绝非仅为儒家一派独自信奉。《左传·襄公二十七年》载赵文子之言曰"诗以言志"，《庄子·天下》云"诗以道志"，《荀子·儒效》云"诗言是其志也"，皆为明证。后人或以为"诗言志"与"诗缘情"是不同的诗学观念[1]，其实在最初，"志"与"情"的内涵是基本一致的。《左传·昭公二十五年》记载子产之言："民有好、恶、喜、怒、哀、乐，生于六气。是故审则宜类，以制六志。"孔颖达《正义》说："此六志，《礼记》谓之六情。在己为情，情动为志，情、志一也。"正因如此，对于《诗大序》中"诗者，志之所之也。在心为志，发言为诗"的命题，孔颖达的解说是："言作诗者，所以舒心志愤懑，而卒成于歌咏，故《虞书》谓之'诗言志'也。包笼万虑，其名曰心。感物而动，乃呼为志。

---

[1] 陆机《文赋》："诗缘情而绮靡。"李善云："诗以言志，故曰缘情。"又云："绮靡，精妙之言。"见萧统编，李善注《文选》卷一七，上海古籍出版社1986年版，第766页。

志之所适,外物感焉,言悦豫之志则和乐兴而颂声作,忧愁之志则哀伤起而怨刺生。《艺文志》云'哀乐之情感,歌咏之声发',此之谓也。"可见"志"就是"情","言志"也就是后人所说的"抒情"。到了屈原,便径以"抒情"为作诗旨趣。《九章·惜诵》云:"惜诵以致愍兮,发愤以抒情。"又云:"情沈抑而不达兮,又蔽而莫之白。心郁邑余侘傺兮,又莫察余之中情。"他用"情"字来概括自己的全部精神活动和心理状态,正与前文所说的"志"可以互训。由此可见,中华先民对诗歌的性质有着非常一致、非常明确的认识:诗歌是抒写人类的内心世界的一种文本,与人生无关的内容在诗国中是没有立足之地的。

从表面上看,古人极其重视诗的实用价值,正如闻一多在《神话与诗》中所说:"诗似乎也没有在第二个国度里,像它在这里发挥过的那样大的社会功能。在我们这里,一出世,它就是宗教,是政治,是教育,是社交,它是全面的生活。"一部《诗经》,几乎成了古代士大夫必读的生活教科书。在《左传》《国语》等史书中记载着大量的"赋诗"事例[1],大多是在祭祀、朝聘、宴饮等场

---

[1] 据清代学者魏源统计,《左传》引诗多达217次,《国语》引诗达31次,见《魏源全集·诗古微》,岳麓书社1989年版,第182页。

合中引诵《诗经》来宛转地表意达志。正因诗歌具有如此巨大的实用价值,孔子才会恺切周至地以学诗来教育弟子。也正是在这种价值观的指导下,《诗经》才得以跻身于儒学经典之列。然而只要我们把关注的重点回归到作品自身,只要我们仔细考察那些作品的发生背景,那么只能得出如下结论:一部《诗经》,除了少数祈福禳灾的祭歌与歌功颂德的颂词之外,其余的都是"诗言志"的产物,而《诗经》的这种性质也就奠定了整个中国诗歌史的发展方向,正如清人袁枚所说:"自三百篇至今日,凡诗之传者,都是性灵,不关堆垛。"(《随园诗话》卷五)无论是出于民间还是贵族之手,也无论所言之志有关家国大事还是燕婉之私,浓郁的抒情色彩都是《诗经》最显著的优点,也是它流传千古、深入人心的根本原因。"岂曰无衣?与子同袍。王于兴师,修我戈矛,与子同仇。"(《秦风·无衣》)这是出征前的战士互相激励士气的军歌。"昔我往矣,杨柳依依。今我来思,雨雪霏霏。行道迟迟,载渴载饥。我心伤悲,莫知我哀。"(《小雅·采薇》)这是远道而归的戍边士兵自诉苦辛的哀歌。"野有蔓草,零露漙兮。有美一人,清扬婉兮。邂逅相遇,适我愿兮。"(《郑风·野有蔓草》)这是青年男女邂逅相遇一见钟情的喜悦。"蒹葭苍苍,白露为霜。所谓伊人,

风柳蝉蝶图

南宋·马和之（传）

日本美秀美术馆藏

在水一方。溯洄从之,道阻且长。溯游从之,宛在水中央。"(《秦风·蒹葭》)这是思念意中人觅而不得的怅惘。这些直抒胸臆、毫无虚饰的诗,犁然有当于人心,感动着千古以来的无数读者。《小雅·蓼莪》抒写了一位未能报答父母的养育之恩的孤儿的沉痛心情:"蓼蓼者莪,匪莪伊蒿。哀哀父母,生我劬劳。"晋人王裒因父亲死于非命而未得孝养,每当读到"哀哀父母,生我劬劳"的句子,

"未尝不三复流涕,门人受业者并废《蓼莪》之篇"。(《晋书·王裒传》)《小雅·苕之华》是国家动荡之时诗人对百姓遭受饥馑之苦的忧思,1935年10月5日,黄季刚先生在金陵大学的《诗经》课上讲到此章,"当他念完末章'牂羊坟首,三星在罶。人可以食,鲜可以饱'之后,又接着把《毛传》'牂羊坟首,言无是道也。三星在罶,言不可久也',用非常低沉,几乎是哀伤的声音念了出来"[1]。诗之感人,一至于此!

由《诗经》开创的这种传统深刻地影响着整部中国诗歌史,虽然后代的诗歌九流百派,千汇万状,但抒情总是其最根本的主流。南朝的钟嵘在《诗品序》中说:"若乃春风春鸟,秋月秋蝉,夏云暑雨,冬月祁寒,斯四候之感诸诗者也。嘉会寄诗以亲,离群托诗以怨。至于楚臣去境,汉妾辞宫,或骨横朔野,魂逐飞蓬;或负戈外戍,杀气雄边;塞客衣单,孀闺泪尽;又士有解佩出朝,一去忘返;女有扬蛾入宠,再盼倾国。凡斯种种,感荡心灵,非陈诗何以展其义,非长歌何以骋其情?"此语经常被人引用,堪称诗学名言,因为它形象地说出了诗歌的抒情

---

[1] 见程千帆《黄季刚先生逸事》,载《桑榆忆往》,《程千帆全集》第十五卷,河北教育出版社2000年版,第77页。

本质:诗产生于情感,好诗则产生于浓烈的情感。这样的诗歌理所当然会具有像《诗经》一样强烈的感染力,仅以杜甫在宋代的影响为例,北宋诗人王安石、黄庭坚为杜甫忧国忧民的情怀所感动,不约而同地对着其画像顶礼膜拜:"所以见公像,再拜涕泗流。惟公之心古亦少,愿起公死从之游!"(王安石《杜甫画像》)"常使诗人拜画图,煎胶续弦千古无!"(黄庭坚《老杜浣花溪图引》)到了南宋,身处危难的人们更深切地感受到杜诗蕴涵的爱国情怀,李纲说:"子美之诗凡千四百三十余篇,其忠义气节、羁旅艰难、悲愤无聊,一见于诗。……平时读之,未见其工。迨亲更兵火丧乱之后,诵其诗如出乎其时,犁然有当于人心,然后知其妙也。"(《重校正杜子美集序》)陆游则说:"予读其诗,至'小臣议论绝,老病客殊方'之句,未尝不流涕也。嗟夫,辞之悲乃至是乎!荆卿之歌、阮嗣宗之哭,不加于此矣。"(《东屯高斋记》)杜诗之感人,一至于此!

四 超越：诗歌的功能

上文说过，古人极其重视诗歌的社会功能和实用价值，但是古人对诗歌还有更深刻、更重要的认识，汉儒在《诗大序》中说："故正得失，动天地，感鬼神，莫近于诗。先王以是经夫妇，成孝敬，厚人伦，美教化，移风俗。"如果说后面几句还是注重于诗歌的社会教化作用，那么前面几句显然有超越实用功能的含意。南朝钟嵘在《诗品序》中说："气之动物，物之感人，故摇荡性情，形诸舞咏。欲以照烛三才，晖丽万有。灵祇待之以致飨，幽微藉之以昭告。动天地，感鬼神，莫近于诗。"语虽本于《诗大序》，但显然增强了超越的意味。那么，在中华先民看来，诗歌有什么超越实用的功能或价值呢？

首先，诗歌是人们认识世界的有效方式。中华先民的思维方式具有鲜明的民族特征，他们崇尚一种观物取象、立象尽意的思路，擅长于借助具体的形象来把握事物的抽象意义。《周易》的卦象、汉字的象形都是这种思维方式的体现。与西方文化相比，中华文化具有偏重于直觉思维和形象思维的特征。先民们在追求真理时，往往不重视局部的细致分析，而重视综合的整体把握；往往不是站在所究事物之外作理智的研究，而是投身于事物之中进行感性体验。如果说古希腊的智者追求的是逻辑分析的严密性，中华的圣贤却是以主客体当下冥合的直觉感悟为智慧的极致。在《庄子·田子方》中，孔子赞扬温伯雪子说："若夫人者，目击而道存矣，亦不可以容声矣。"成玄英疏云："夫体悟之人，目裁动而元道存焉。无劳更事辞费，容其声说也。"显然，这种思维方式与诗歌的运思非常相似。试看孔门师生之间的两段对话："子贡曰：'贫而无谄，富而无骄，何如？'子曰：'可也，未若贫而乐，富而好礼者也。'子贡曰：《诗》云：如切如磋，如琢如磨。其斯之谓与？'子曰：'赐也，始可与言《诗》已矣，告诸往而知来者。'""子夏问曰：'巧笑倩兮，美目盼兮，素以为绚兮。何谓也？'子曰：'绘事后素。'曰：'礼后乎？'子曰：'起予者商也！始可与言《诗》已矣。'"谢良佐评曰："子贡因论学而知《诗》，子夏因论《诗》而知学，故皆可与言《诗》。"[1]其实与其说"皆可与言《诗》"，不如说都是运用诗歌作为思考以及讨论学问的手段，因为诗歌更有利于通过具体情境的描述来领悟普遍的抽象道理。

---

[1] 见朱熹《四书章句集注》，中华书局1983年版，第52页，第63页。

引　言　中华文化与诗意生存

其次,诗歌是人们表达意旨的有效方式。中华先民早就认识到,事物的规律即"道"是精微玄妙的,是难以言传的。在这一点上,儒、道两家的观点如出一辙。《周易·系辞》载:"子曰:'书不尽言,言不尽意。'然则,圣人之意,其不可见乎?子曰:'圣人立象以尽意,设卦以尽情伪,系辞焉以尽其信。'"《庄子·秋水》中说:"可以言论者,物之粗也。可以意致者,物之精也。"《庄子·天道》中又说:"世之所贵道者,书也。书不过语,语有贵也。语之所贵者,意也。意有所随,意之所随者,不可以言传也。"正因如此,孔子经常用诗歌般的语言来表达思想:"岁寒,然后知松柏之后凋也。""子在川上曰:'逝者如斯夫!不舍昼夜。'"对于前一则,谢良佐解释说:"士穷见节义,世乱识忠臣。欲学者必周于德。"对于后一则,程颐解释说:"此道体也。天运而不已,日往则月来,寒往则暑来,水流而不息,物生而不穷,皆与道为体,运乎昼夜,未尝已也。"[1]谢、程的解释不一定符合孔子原意,但他们认定孔子语录蕴涵着深刻道理的观点则是可取的。道家更是如此,一部《庄子》,全文优美如诗,例如:"昔者

---

[1] 朱熹《四书章句集注》,中华书局1983年版,第115页,第113页。

北溪图　明·周臣　美国纳尔逊-阿特金斯艺术博物馆藏

庄周梦为蝴蝶，栩栩然蝴蝶也。自喻适志与，不知周也。俄而觉，则蘧蘧然周也。不知周之梦为蝴蝶与，蝴蝶之梦为周与？""泉涸，鱼相与处于陆。相呴以湿，相濡以沫，不如相忘于江湖。"（《庄子·齐物论》）其中包蕴的人生哲理，既深刻精警，又生动易懂，分明是得益于诗化的表达方式。

从表面上看，中华先民的思维方式及表达方式在逻辑性和明晰程度上都不如古希腊哲学，这是中华文化的严重缺点。其实不然。西方现代哲学已经证明，人类永远无法用明晰的分析语言来说明深奥的真理，也永远无

法通过逻辑性的形而上学思考来把握人生的真谛。在这方面,早熟的中华文化倒具有得天独厚的优势,因为他们掌握了更好的思维方式和表达方式,那便是诗歌。清人叶燮在《原诗》中说:"诗之至处,妙在含蓄无垠,其寄托在可言不可言之间,其指归在可解不可解之会。言在此而意在彼,泯端倪而离形象,绝议论而穷思维,引人于冥漠恍惚之境,所以为至也。"他又说:"可言之理,人人能言之,又安在诗人之言之?可徵之事,人人能述之,又安在诗人之述之?必有不可言之理,不可述之事,遇之于默会意象之表,而理与事无不灿然于前者也。"的确

如此,因为诗歌的性质是文学的而非逻辑的,诗歌的思维方式是直觉的而非分析的,诗歌的语言是模糊多义的而非明晰单向的,诗歌的效果是整体的而非局部的,诗歌的意义是意在言外而非意随言尽的,所以它更能担当起思考并理解人生真谛的重任。西方文化要等到20世纪的德国哲学家海德格尔才通过阅读荷尔德林的诗歌领悟到诗性语言的重要性,而中华先民却早已在人生实践中独得圣解。伯夷、叔齐在首阳山上即将饿死时,作歌曰:"登彼西山兮,采其薇矣。以暴易暴兮,不知其非矣。神农虞夏,忽焉没兮,我安适归矣?于嗟徂兮,命之衰矣!"(《史记·伯夷列传》)孔子临终时,作歌曰:"太山坏乎,梁柱摧乎,哲人萎乎!"(《史记·孔子世家》)除了诗歌以外,还有什么语言形态可以更简洁、更完整地表达他们对命运的深沉慨叹和对人生的深刻体认?如果没有长留天地之间的光辉诗篇,行吟泽畔的三闾大夫和漂泊江湖的少陵野老何以在千秋万代的人民心中获得永生?

五 读诗：通向诗意生存的门径

综上所述，中华的先民早就创造了富有诗意的生存方式，华夏大地在整体上就是诗意生存的乐土。诗意生存是中华文化最为耀眼的精华，这份丰厚文化遗产的继承权首先属于整个中华民族。但是毋庸讳言，我们已经在物欲腾涌、人心狂躁的现实中沉溺太久，已经失去了像先民那样沉着、从容地领悟人生真谛的能力，对他们的诗意生存方式也已恍若隔世。那么，我们应该如何来继承这份宝贵遗产呢？

得益于汉字超强的表达功能和稳固性质，中华先民的事迹及心迹相当完好地保存在古代典籍中，今人解读起来也没有太大的障碍。由于先民的思维在整体上具备诗性智慧的特征，所以经、史、子、集各类书籍中都保留着先民诗意生存的印迹，[1]都应进入我们的阅读范围。但是最重要的阅读对象当然是古典诗歌，是从《诗经》《楚辞》开始的一部中国古代诗歌史。因为古诗是古人心声的真实记录，是展现先民的人生态度的可靠文本，正如叶燮《原诗》中所说："诗是心声，不可违心而出，

---

[1] 参看傅道彬《诗可以观——礼乐文化与周代诗学精神》导论之二《"六经皆史"与历史批评的诗学立场》，中华书局2010年版，第7—11页。

亦不能违心而出。功名之士，决不能为泉石淡泊之音。轻浮之子，必不能为敦庞大雅之响。故陶潜多素心之语，李白有遗世之句，杜甫兴广厦万间之愿，苏轼师四海弟昆之言。凡如此类，皆应声而出，其心如日月，其诗如日月之光，随其光之所至，即日月见焉。故每诗以人见，人又以诗见。"读诗就是读人，阅读那些长篇短什，古人的音容笑貌如在目前，这是我们了解先民心态的最佳途径。读者或许会有怀疑：难道古诗中没有虚情假意或浮夸伪饰吗？当然有，但是那不会影响我们的阅读。金代的元好问曾讥评晋代诗人潘岳："心画心声总失真，文章宁复见为人？高情千古闲居赋，争信安仁拜路尘。"（《论诗三十首》之六）的确，潘岳其人热衷名利，谄事权贵，竟至于远远地望见权臣贾谧的车马即"望尘而拜"。可是他在《闲居赋》中却自称"览止足之分，庶浮云之志"，这样的作品，怎能取信于人！与潘岳类似的诗人在古典诗歌史上并不罕见，例如唐代的沈佺期、宋之问，宋代的孙觌、方回，明代的严嵩、阮大铖，皆是显例。然而此类诗人尽管颇有才华，作品的艺术水准也不弱，但毕竟流品太低。除非用作学术研究的史料，他们不会进入现代人的阅读视野，更不是笔者想要向读者推荐的阅读对象。至于那些一流的诗人，则绝对不会出现这种情况。

古人著述，本以"修辞立其诚"（《周易·乾》）为原则，并明确反对"巧言乱德"（《论语·卫灵公》），更不要说是以言志为首要目标的诗歌写作了。清人沈德潜说："有第一等襟抱，第一等学识，斯有第一等真诗。"（《说诗晬语》）薛雪也说："具得胸襟，人品必高。人品既高，其一謦一欬，一挥一洒，必有过人处。"（《一瓢诗话》）本书要向读者推荐的正是那些具有第一等襟抱的诗人，他们的作品必然是第一等真诗。他们敞开心扉与后代读者赤诚相对，我们完全可以从诗歌中感受诗人们真实的心跳和脉搏。

中国诗歌史的源头是《诗经》。《诗经》真切生动地体现了古人的生活状态和人生态度，从而具有永远的阅读价值，但是由于"当时只有诗，无诗人"（劳孝舆《春秋诗话》），那些作品基本上出于无名作者之手，我们无法在读诗的同时兼及读人，只好忍痛割爱。《诗经》以后的诗歌史百派九流，千汇万状，而且波澜迭起，名家辈出，应该选择哪些诗人来推荐给读者呢？笔者思之再三，拟定一条原则：只选在人生态度和作品境界两方面都对后人有巨大影响的第一流诗人。根据这条原则，本书选定的名单是：屈原、陶渊明、李白、杜甫、苏轼、辛弃疾。

屈原是诗国中绝无仅有的一位烈士,也是中国历史上最早出现的大诗人,他的作品与《诗经》并称,被誉为中国诗歌的两大源头,他高尚伟岸的人格精神和至死不渝的爱国情怀已经成为永久的典范。在那个辩士奔走列国、朝秦暮楚的时代,屈原却生生死死忠于祖国,最后自沉汨罗以身殉志。他以高洁的政治品格傲视着群小,他以高远的人生追求拒绝了尘俗。屈原以自沉的激烈方式结束了肉体的生命,却在精神上获得永生,从而实现了人生的伟大超越。

陶渊明是诗国中最著名的隐士。他生逢晋宋易代的乱世,一生平淡无奇,做过几任小官后便辞职回乡,隐居终老。他的作品内容朴实,风格平淡,并不以奇情壮采见长,当时几乎没有受到文坛的注意。但是陶渊明身后的声名却与日俱增,最终成为后代士人无比敬仰的文化伟人。原因在于,当别人争先恐后地趋附权势与财富,整个社会弥漫着虚伪、浮躁的风气时,陶渊明却以真诚、狷介的品格鹤立鸡群。陶渊明在历史上树立了一个安贫乐道、廉退高洁的人格典型,其意义在于,他用实际行为阐释了平凡人生的意义,证明了与功业建树毫无关系的平淡人生也可以达到超凡入圣的境界,也证明了朴素乃至贫困的平凡生活也可以具有浓郁的诗意。

六君子图

元·倪瓒

上海博物馆藏

李白是诗国中独往独来的一位豪士。他天性真率，狂放不羁，充分体现了浪漫乐观、豪迈积极的盛唐精神。李白的思想无拘无束，自由自在，绝不局限于某家某派。李白决不盲从任何权威，一生追求自由的思想和独立的意志。李白的诗歌热情洋溢，风格豪放，像滔滔黄河般倾泻奔流，创造了超凡脱俗的神奇境界，包蕴着上天入地的探索精神。李白的意义在于，他用行为与诗歌维护了自身的人格尊严，弘扬了昂扬奋发的人生精神。多读李白，可以鼓舞我们的人生意志，可以使我们在人生境界上追求崇高而拒绝庸俗，在思想上追求自由解放而拒绝作茧自缚。

杜甫是中国诗歌史上最典型的儒士。他服膺儒家仁政爱民的思想，以关爱天下苍生为己任。杜甫生逢大唐帝国由盛转衰的历史关头，亲身经历了安史之乱前后的动荡时代，时代的疾风骤雨在他心中引起了巨大的情感波澜，他用诗笔描绘了兵荒马乱的时代画卷，也倾诉了忧国忧民的沉郁情怀。杜甫因超凡入圣的人格境界和登峰造极的诗歌成就而被誉为中国诗歌史上唯一的"诗圣"。杜甫最大的意义在于，他是穷愁潦倒的一介布衣，平生毫无功业建树，却实至名归地跻身于中华文化史上的圣贤之列，从而实现了人生境界上跨度最大的超越。杜甫是儒家"人皆可以为尧舜"这个命题的真正实行者,他永远是后人提升人格境界的精神导师。

苏轼是诗歌史上最为名实相符的居士。一方面,他深受儒家淑世精神的影响,在朝为官时风节凛然,在地方官任上政绩卓著。另一方面,他从道家和禅宗吸取了离世独立的自由精神,形成了潇洒从容的生活态度。苏轼一生屡经磨难,曾三度流放,直至荒远的海南,但他以坚韧而又旷达的人生态度傲视艰难处境,真正实现了对苦难现实的精神超越。苏轼热爱人世,他以宽广的胸怀去拥抱生活,以兼收并蓄的审美情趣去体味人生,他的诗词内容丰富,兴味盎然,堪称在风雨人生中实现诗意生存的人生指南。

辛弃疾是诗国中少见的雄豪英武的侠士。他本是智勇双全的良将,年青时曾驰骋疆场,斩将搴旗;南渡后曾向朝廷提出全面的抗金方略,雄才大略盖世无双。可惜南宋小朝廷以偏安为国策,又对"归来人"充满疑忌,辛弃疾报国无门,最后赍志而殁。辛弃疾的词作充满着捐躯报国的壮烈情怀,洋溢着气吞骄虏的英风豪气。他以军旅词人的身份把英武之气融入诗词雅境,遂在词坛上开创了雄壮豪放的流派。多读辛词,可以熏陶爱国情操,也可以培养尚武精神。那种为了正义事业而奋不顾身的价值取向,必然会导致人生境界的精神超越。

上述六位诗人,其遭遇和行迹各不相同,其诗歌创作也各自成家,但他们都以高远的人生追求超越了所处的实际环境,他们的诗歌都蕴涵着丰盈的精神力量。孔子说"诗可以兴",朱熹确切地解"兴"为"感发志意"[1]。王夫之在《俟解》中对"兴"的作用有更详尽的解说:"兴者,性之生乎气者也。拖沓委顺,当世之然而然,不然而不然,终日劳而不能度越于禄位、田宅、妻子之中,数米计薪,日以挫其气。仰视天而不知其高,俯视地而不知其厚,虽觉如梦,虽视如盲,虽勤动其四体而心不灵,惟不兴故也。圣人以诗歌以荡涤其浊心,震其暮气,纳之于豪杰而后期之圣贤,此救人道于乱世之大权也。"读诗,阅读本书所选六位诗人的好诗,一定会使我们从浑浑噩噩的昏沉心境中蓦然醒悟,一定会使我们从紫陌红尘的庸俗环境中猛然挣脱,从而朝着诗意生存的方向大步迈进。

为什么要追求诗意的生存?因为那是人生的最高境界,是人生的真谛。

---

[1] 朱熹《四书章句集注》,中华书局1983年版,第178页。

第一章

烈士屈原

屈原的楚辞作品,既以高洁情怀鼓舞着千秋志士,亦以惊采绝艳沾溉着万代词人,立言如此,足称不朽。屈原以刚健积极的精神对待生命,他的人生积极有为,他的生命充实而有光辉。

屈子行吟图

明·陈洪绶
上海图书馆藏

名余曰正则兮,字余曰灵均。

第一章 烈士屈原

一 以生命铸成一首诗

南朝的刘勰在《文心雕龙》中专设《辨骚》篇来论说以《离骚》为代表的楚辞,篇末不胜景仰地赞曰:"不有屈原,岂见《离骚》?"其实我们也不妨反过来说:不有《离骚》,岂见屈原?在汉初的贾谊作赋祭吊屈原之前,屈原其人在其他人的著述中不见踪影。后人完全是通过《离骚》等不朽诗篇才得以知道屈原,认识屈原的。《离骚》等作品是屈原用生命铸成的诗歌,它们引导我们跟随着诗人上下求索,它们是我们解读屈原生平及其心迹的可靠文本。

《离骚》的开篇是屈原自叙身世:"帝高阳之苗裔兮,朕皇考曰伯庸。摄提贞于孟陬兮,惟庚寅吾以降。皇览揆余初度兮,肇锡余以嘉名。名余曰正则兮,字余曰灵均。"结合司马迁《史记·屈原列传》、刘向《新序·节士》、王逸《楚辞章句》等史料以及后代学者的研究成果,我们得知这几句中包含着三个秘密。一是屈原出身高贵,他与楚国的王室同族,都是五帝之一高阳氏颛顼的后裔。颛顼的后人开创了楚国,姓芈。传至楚武王,其子瑕食采邑于屈,子孙遂以屈为姓。所以屈氏与昭氏、景氏一样,都是楚国的同姓贵族。二是屈原生逢吉日良辰。在楚威王元年(前339)的夏历正月初七,屈原降生人间。[1]"摄提格"指"太岁在寅"的寅年,"孟陬"就是夏历正月(也即寅月),"庚寅"是该年正月的初七日。屈原生于寅年寅月寅日,对于一个男子来说,那真是一个大吉大利的好日子。三是屈原的父亲伯庸根据他初生时的气度,通过卦辞为他取了美好的名字:名为"正则",字曰"灵均"。[2]

《离骚》和《惜往日》中简洁地叙说了屈原从政的主要经历:"初既与余成言兮,后悔遁而有他。余既不难夫离别兮,伤灵修之数化。""惜往日之曾信兮,受命诏以昭时。奉先功以照下兮,明法度之嫌疑。国富强而法立兮,属贞臣而日娭。秘密事之载心兮,虽过失犹弗治。心纯庞而不泄兮,遭谗人而嫉之。君含怒而待臣兮,不清澂其然否。"由于屈原的高贵出身和杰出才能,他深受楚怀王的信任,

---

【1】 此取浦江清说。关于屈原生年,历来歧说纷纭,其中较接近事实的说法有邹汉勋的前343年说,汤炳正的前342年说,郭沫若的前340年说等,详见郭维森《屈原评传》,南京大学出版社1998年版,第59—60页。

【2】 "正则"和"灵均"分别是"平"字和"原"字的隐语,意即名平,字原。王夫之解说得很清楚:"平者,正之则也。原者,地之善而均平者也。隐其名而取其义,以属辞赋体然也。"见金开诚、董洪利、高路明《屈原集校注》,中华书局1996年版,第9页。

第一章 烈士屈原

二十多岁就担任了"左徒"的要职,这个职位的重要性仅次于"令尹"。左徒屈原既理内政,也管外交。他在内与楚王商议国事,发布号令;对外则接待外宾,应对诸侯,成为楚怀王的股肱之臣。当时诸侯国之间的竞争非常激烈,各国为了富国强兵,争先恐后地进行变法。早在半个世纪以前,楚悼王就重用吴起进行变法。如今楚怀王也有变法图强的意愿,就把制订宪令的重任交给屈原。受命以后,屈原劳心焦思,精心起草。没想到草稿还没完成,却偶然被妒贤忌能的上官大夫发现了。上官大夫一见屈原的草稿,就要抢过来看。屈原奉命制订宪令,本应保密,况且还在草稿阶段,就不肯让居心叵测的上官过目。于是上官大夫跑到楚怀王那儿进谗言,说屈原把朝廷颁布的新宪令都说成他自己的功劳,还宣称"非我莫能为也"。刚愎自用、不辨是非的楚怀王一听便怒火中烧,从此疏远了屈原。

屈原被免去了左徒的官职,改任"三闾大夫"。三闾大夫的主要职务是掌管昭、屈、景三个王族,并教育宗室子弟。这个职务相当于中原晋、鲁诸国的"公族大夫",仍是朝廷重臣,但远不如左徒那么重要了。屈原降职以后,仍然忠心耿耿地恪守职责,一心要为国家培育德才兼备的优秀人才。没想到宗室子弟们受到富贵的诱惑,往往见风使舵,转而投靠朝中的奸邪势力,这使屈原痛心疾首。《离骚》

兰竹图之三

元·雪窗
日本宫内厅三之九尚藏馆藏

中对此三致意焉:"余既滋兰之九畹兮,又树蕙之百亩。畦留夷与揭车兮,杂杜衡与芳芷。冀枝叶之峻茂兮,愿竢时乎吾将刈。虽萎绝其亦何伤兮,哀众芳之芜秽。""时缤纷其变易兮,又何可以淹留。兰芷变而不芳兮,荃蕙化而为茅。何昔日之芳草兮,今直为此萧艾也?岂其有他故兮,莫好脩之害也。余既以兰为可恃兮,羌无实而容长。委厥美以从俗兮,苟得列乎众芳!"

仿佛是命运的有意作弄,赤心爱国的屈原偏偏生活在国家灾难接踵而至的多事之秋。战国时代,列国纷争,纵横捭阖,楚国也是逐鹿天下的一方诸侯。然而楚怀王志大才疏,性格多疑,在内政外交上总是举棋不定,在内常被谗臣宠妾所蒙骗,在外则屡受秦国的欺侮。于是忠而见疑、信而被谤便成为屈原的宿命。他先是被楚怀王猜疑、疏远,放逐到汉北。后又受顷襄王敌视、迫害,流放至江南。他在汉北写了《抽思》:"有鸟自南兮,来集汉北。好姱佳丽兮,牉独处此异域。既惸独而不群兮,又无良媒在其侧。道卓远而日忘兮,愿自申而不得。望北山而流涕兮,临流水而太息。望孟夏之短夜兮,何晦明之若岁。惟郢路之辽远兮,魂一夕而九逝!"他在离开郢都南迁时作《哀郢》说:"发郢都而去闾兮,怊荒忽其焉极?楫齐扬以容与兮,哀见君而不再得。望长楸而太息兮,涕淫淫其若霰。过夏首而西浮兮,顾龙门而不见。……将运舟而下浮兮,上洞庭而下江。去终古之所居兮,今逍遥而来东。羌灵魂之欲归兮,何须臾而忘反。背夏浦而西思兮,哀故都之日远。"及至流放沅湘,他的心情更加悲凉,乃作《涉江》曰:"入溆浦余儃佪兮,迷不知吾所如。深林杳以冥冥兮,乃猿狖之所居。山峻高而蔽日兮,下幽晦以多雨。霰雪纷其无垠兮,云霏霏而承宇。哀吾生之无乐兮,幽独处乎山中。吾不能变心而从俗兮,固将愁苦而终穷。"

就这样,屈原的生命火焰在长期的流放生涯中渐渐熄灭,楚国日益衰弱的形势更使他万念俱灰。顷襄王十六年(前283)夏历五月五日,屈原终于以投江自杀的激烈举动为生命画上句号。[1]在怀抱砾石、自沉汨罗之前,屈原写下了《渔父》和《怀沙》这两首绝命辞。《渔父》的前面部分说:

屈原既放,游于江潭,行吟泽畔。颜色憔悴,

---

[1] 此从潘啸龙、赵逵夫之说。按:关于屈原的卒年,也是歧说纷纭,主要的说法有林云铭的前288年说、郭沫若的前278年说、游国恩的前277年说等。详见潘啸龙《屈原与楚文化》,安徽文艺出版社1991年版,第44—59页;赵逵夫《屈原与他的时代》,人民文学出版社1996年版,第369—377页。

形容枯槁。渔父见而问之曰:"子非三闾大夫与?何故至于斯?"屈原曰:"举世皆浊我独清,众人皆醉我独醒,是以见放。"渔父曰:"圣人不凝滞于物,而能与世推移。世人皆浊,何不淈其泥而扬其波?众人皆醉,何不餔其糟而歠其醨?何故深思高举,自令放为?"屈原曰:"吾闻之:'新沐者必弹冠,新浴者必振衣。'安能以身之察察,受物之汶汶者乎?宁赴湘流,葬于江鱼之腹中。安能以皓皓之白,而蒙世俗之尘埃乎?"

屈原与渔父的这段对话,或许是寓言之笔,但是司马迁几乎一字未改,将它们采入《史记·屈原列传》中。非但如此,太史公还将《怀沙》全文录入,然后说:"于是怀石,遂自沉汨罗以死。"由此可见,屈原的作品就是真实的史料。从《离骚》的"摄提贞于孟陬兮,惟庚寅吾以降"到《怀沙》的"知死不可让,愿勿爱兮",屈原的作品是其生命轨迹和心路历程的完整记录。当后人用图画或雕塑为屈原造像时,《渔父》中的"行吟泽畔,颜色憔悴,形容枯槁"便是最好的艺术指南,因为这是屈原的身影在历史上的永久定格。屈原的生命过程便是一首感天地、动鬼神的长诗,屈原的作品便是用整个生命铸成的一首诗。

二 故国之恋与美政之思

屈原爱国,既见于其作品,更见于其行为,这是明明白白的事实,毫无疑义。正如司马迁在《史记·屈原列传》中所说:"睠顾楚国,系心怀王,不忘欲反,冀幸君之一悟、俗之一改也。其存君兴国而欲反覆之,一篇之中三致志焉。"然而今人或以为战国时的诸侯国不算真正的国家,或以为屈原联齐抗秦的主张有碍于秦国的统一事业,故而反对将"爱国主义"这顶桂冠奉献给屈原。其实"主义"这个后缀并没有特别神圣的意义,"爱国主义"则是现代语境中才出现的一个名词,其核心内涵就是"爱国"。为免缠夹不清,本章中暂不使用"爱国主义"这个名词。至于屈原是否爱国,屈原的爱国精神是否值得肯定,则事关重大,必须明辨。

何谓爱国?对于屈原来说,当然就是热爱楚国。热爱故土,人同此心。在春秋战国时代,诸侯国就是疆界最为分明的故土。据《孟子·万章下》记载:"孔子之去齐,接淅而行。去鲁,曰:'迟迟吾行也,去父母国之道也。'"《礼记·檀弓上》记载说:"太公封于营丘,比及五世,皆反葬于周。君子曰:'乐,乐其所自生。礼,不忘其本。古之人有言曰:狐死正丘首。仁也。'"孔颖达解释说:"所以正首而向丘者,丘是狐窟根本之处,虽狼狈而死,意犹向此丘,是有仁恩之心也。"屈原生于楚,长于楚,楚国是他祖祖辈辈繁衍生息的故土,他当然会诚心诚意地热爱她。所以屈原在《哀郢》中说:"鸟飞反故乡兮,狐死必首丘。"又在《橘颂》中歌颂橘树说:"受命不迁,生南国兮。深固难徙,更壹志兮。"故土之恋本是出于人类天性的普遍情感,屈原的特点是他对故国的爱恋格外浓烈,且至死不渝。

有一个问题需要稍作辨析。楚怀王和顷襄王都是不辨是非的庸碌之君,楚国的朝政则掌握在子兰、靳尚等奸邪权臣手中,他们一再排斥屈原关于联齐抗秦的正确策略,却甘心在秦国的再三欺侮下丧权辱国,于是楚国逐渐走上了日薄西山的不归之路。在这样的形势下,屈原为何始终不肯离开楚国呢?在春秋战国时代,士人游走各国早已成为风气。孔子、孟子、墨子、吴起、申不害、商鞅、孙武等人,为了实现各自的主张纷纷奔走列国,并没有坚守故国的信念。楚国的人才流失尤

潇湘八景图·远浦归帆
南宋·牧溪　日本京都国立博物馆藏

其严重,以至产生了"楚材晋用"的成语。[1]到了屈原的时代,这种情形依然如故。苏秦、张仪等纵横家朝秦暮楚,便是最显著的事例。世风如此,屈原为何不肯随波逐流呢?对此,连非常同情屈原的司马迁都感到不解:

> [1]《左传·襄公二十六年》载声子之言:"虽楚有材,晋实用之。"还说这种情形已达到"楚多淫刑,其大夫逃死于四方,而为之谋主,以害楚国,不可救疗"的地步。详见《十三经注疏》整理委员会整理,李学勤主编《十三经注疏·春秋左传正义》卷三七,北京大学出版社1999年版,第1043—1045页。

"又怪屈原以彼其材,游诸侯,何国不容,而自令若是!"

其实屈原并不是思想僵化、不知变通的迂腐之人。屈原讴歌优秀的历史人物时,从未因他们出仕别国而另眼相看:"闻百里之为虏兮,伊尹烹于庖厨。吕望屠于朝歌兮,宁戚歌而饭牛。不逢汤武与桓缪兮,世孰云而知之?"(《惜往日》)百里奚原为虞国大夫,后被晋国俘虏,以媵臣身份入秦,终得秦穆公之重用。宁戚原为卫国人,后得齐桓公之重用。屈原对二人评价甚高,竟与商、周时代的辅弼重臣伊尹、吕望相提并论。即使对逃楚奔吴,并率吴军伐楚报仇的伍子胥,屈原也极表同情:"吴信谗而弗味兮,子胥死而后忧。"(《惜往日》)"浮江淮而入海兮,从子胥而自适。"(《悲回风》)屈原也深知凭着自身的才干,完全能够投奔他国另谋高就,《离骚》中巫师灵氛对屈原说:"勉远逝而无狐疑兮,孰求美而释女?何所独无芳草兮,尔何怀乎故宇?"这未必不是屈原在现实生活中曾听到的劝说。然而屈原本是一位特立独行的豪杰之士,他的伟大之处正在于他对故国的爱恋之深非同常人,也在于他的性格之忠贞耿介迥异常人。

热爱故国的人必然会诚心诚意地希望她变得更加美好,必然会披肝沥胆地为她贡献自己的才华与能力。况且屈原本是楚国的同姓,其家族中世世代代都有人官居"莫敖"之高位,他本人也曾任左徒和三闾大夫等要职,他与楚国有着休戚相关、荣辱与共的密切关系。所以屈原始终把楚国的兴衰看得比本人的命运更加重要,始终把实现楚国的富强视作自己的神圣使命。性格忠贞耿介的人必然会坚守信念而不肯轻易改弦易辙,必然会一心追求道义而不肯为了实际利益见风使舵。况且屈原在楚国的政治事业本来是前程远大的,他提出的政治主张本来是切实可行的。屈原早年曾经得到楚怀王的重用,不但在内政、外交上牛刀小试,而且提出了联齐抗秦的重要战略。他的抱负,他的事业,都已在楚国奠定了根基。如此故国,屈原怎能忍心离弃?如此身世,屈原又怎能像苏秦、张仪那样朝秦暮楚?

还有一个问题也需要稍作辨析。屈原去世六十多年后,秦国最终消灭六国,建立了统一的秦王朝。而屈原奋斗终生的政治目的,正是阻止秦国对楚国的吞并。那么,能否说屈原的努力事实上阻碍了秦国的统一大业,所以其爱国精神违背了历史前进的趋势呢?不能。因为在屈原的时代,西方的秦国军力强大,东方的齐国经济富足,南方的楚国则疆域辽阔,形成鼎足三立之势。当时的谋士因盛行合纵、连横之说而被称作"纵横家",正是天下大势的实际反映。也就是说,战国诸雄中并不是只有秦国被历史赋予统一天下的使命,事实上秦、楚两国都具备这种可能性。正如《战国策·楚策一》中所载苏秦之言:楚国"地方五千里,带甲百万",而天下大势则是"纵合则楚王,横成则秦帝",事实上楚怀王确曾以"纵长"的身份率六国之军共同攻秦。如果楚王能够励精图治、重用贤能之士的话,焉知不会由楚国来完成统一中国的历史使命?屈原主张的联齐抗秦的国策初见成效后,秦国大为恐慌,并不遗余力地使出各种阴谋诡计来破坏齐楚联盟,正是一个旁证。屈原在作品中反复呼唤尧、舜、禹、商汤、周文、周武等古代明君,那些明君都是天下之共主,说明屈原心中一向怀有辅佐楚王统一天下的远大理想。我们又怎能以后来秦、楚两国的成败来判断屈原的是非功过!

况且屈原的政治理想是实现尧舜那样的美政,他满怀深情地呼唤美政的降临:"彼尧舜之耿介兮,既遵道而得路。……汤禹俨而祗敬兮,周论道而莫差。举贤而授能兮,循绳墨而不颇。皇天无私阿兮,览民德焉错辅。夫维圣哲以茂行兮,苟得用此下土!"(《离骚》)美政的基础则是仁政爱民:"瞻前而顾后兮,相观民之计极。夫孰非义而可用兮,孰非善而可服?"(《离骚》)"重仁袭义兮,谨厚以为丰。"(《怀沙》)此外,屈原的美政理想中也包含重视法制的精神:"奉先功以照下兮,明法度之嫌疑。国富强而法立兮,属贞臣而日娱。"(《惜往日》)楚族本是中原民族的分支,楚文化也与中原文化有着千丝万缕的联系。所以屈原的作品中有一个奇怪的现象:他笔下的花卉草木主要产于楚地,咏及的历史人物却大多出于中原,例如尧、舜、禹、商汤、后稷、周文、齐桓、晋文等明君,伊尹、傅说、吕望、周公、宁戚、箕子、介子推等贤臣,这说明他生活的自然环境虽在南方,其文化血脉却与中原的华夏民族一脉相承。所以屈原的政治理想决不限于楚国一隅,而是要继承历代明君贤臣的传统,从而将以仁政爱民为核心内涵的美政普施于天下。与之相反,秦国奉行的却是一条穷兵黩武、暴力征服的统一路线。据《史记》记载,苏秦说楚威王曰:"夫秦,虎狼之国也,有吞天下之心。"(《苏秦列传》)鲁仲连斥责新垣衍曰:"彼秦者,弃礼义而上首功之国也,权使其士,虏使其民。"(《鲁仲连列传》)所谓"上首功",就是将士出征以杀人多少来论功爵。在秦国的兼并战争中,斩首过万乃至过十万的战事层出不穷。孟子在《离娄上》中指斥"争地以战,杀人盈野;争城以战,杀人盈城",要是移用来评说秦国从秦惠王七年(前331)至秦始皇二十六年(前221)这一百多年的兼并过程,确切无比。除了残暴,狡诈也是秦国的主要手段。就以秦国欺骗楚怀王为例,当初秦国为了破坏齐、楚同盟,派张仪使楚,许诺只要楚国与齐绝交,就割让商於之地六百里给楚国。等到楚怀王上当绝齐后派人赴秦受地,张仪却说约定的割地只有六里而不是六百里。若干年之后,秦国提议与楚结为婚姻,并邀请楚怀王赴秦。然而楚怀王一进武关,秦国就伏兵断其后路,并扣留怀王强求割地。奸诈反覆一如鬼蜮伎俩,全无信义可言。无怪鲁仲连要义不帝秦:"彼即肆然而为帝,过而为政于天下,则连有蹈东海而死耳,吾不忍为之民也!"也无怪楚怀王卒于秦而归丧于楚,"楚人皆怜之,如悲亲戚。诸侯由是不直秦"。(《史记·楚世家》)屈原谏止楚怀王入秦时曾说:"秦,虎狼之国,不可信。"他对秦国的野蛮本性有清醒的认识,他提出的联齐抗秦的战略出于与鲁仲连同样的价值选择,这是根于理性与正义的政治判断。

屈原死后六十年,秦国灭楚。又过了两年,秦国统一天下。然而以残暴狡诈得来的天下是不会长久的,与秦始皇传至万世的痴心妄想恰恰相反,秦王朝建立不过十二年,陈胜、吴广就起义反秦,并以"张楚"为号。次年,楚国名将项燕之子项梁找到了流落民间为人牧羊的楚怀王之孙心,立为楚王,仍号"怀王",勒义军诸部攻秦,两年之后秦王朝宣告灭亡。楚亡之后在民间流传的"楚虽三户,亡秦必楚"的谶语,到此终于成为现实。随后建立的汉朝在政治体制上虽承秦制,但其立国精神则与秦朝反其道而行之。早在刘邦入关之初,就与秦人约法三章,悉除秦之苛法。及至贾谊作《过秦论》,遂把秦亡的原因归结为"仁义不施"。从暂时的结局来看,确实是秦国使用武力统一了中国。但如果从较长的时段来考察历史,其实是楚人刘邦建立的汉朝才真正开创了中国的大一统时代。相对于秦国崇尚暴力的反文明路线,屈原的美政理想及其文化精神更具进步意义,他在思想文化上为中国的统一大业作出了不朽的贡献。[1]我们有什么理由说屈原的爱国精神有违于历史前进的趋势呢?

---

[1] 此处受到郭维森先生观点的启发,谨此志谢。参看郭维森《屈原评传》,南京大学出版社1998年版,第286页。

三　悲怆壮烈的生命颂歌

屈原热爱生命,他珍惜生命的每一个瞬间,所以对时光迁逝怀有异常强烈的感受。"汩余若将不及兮,恐年岁之不吾与。朝搴阰之木兰兮,夕揽洲之宿莽。日月忽其不淹兮,春与秋其代序。惟草木之零落兮,恐美人之迟暮。""朝发轫于苍梧兮,夕余至乎县圃。欲少留此灵琐兮,日忽忽其将暮。吾令羲和弭节兮,望崦嵫而勿迫。路曼曼其修远兮,吾将上下而求索。""及年岁之未晏兮,时亦犹其未央。恐鹈鴂之先鸣兮,使夫百草为之不芳。"这三段话全都见于《离骚》,真可谓一篇之中,三致意焉!

珍惜时光是为了什么呢?请看屈原的自白:"众皆竞进以贪婪兮,凭不厌乎求索。羌内恕己以量人兮,各兴心而嫉妒。忽驰骛以追逐兮,非余心之所急。老冉冉其将至兮,恐修名之不立。"(《离骚》)原来众人莫不沉溺于钻营求索、追逐私利,屈原追求的目的却是美好的名声。时光易逝,老之将至,而美好的名声尚未建立,这是屈原最为担忧的人生结局。汉人班固、北朝人颜之推皆批评屈原"露才扬己",宋人洪兴祖则驳斥他们是"妾妇儿童之见",其实班、颜二人的价值判断虽然错误,但"露才扬己"四字倒并非诬妄之言。屈原对自己的才能品性有着强烈的自信,他笔下的美人香草便是其美好品性的象征。屈原有时以美人自比:"怨灵修之浩荡兮,终不察夫民心。众女嫉余之蛾眉兮,谣诼谓余以善淫。"(《离骚》)"惟佳人之独怀兮,折若椒以自处。曾歔欷之嗟嗟兮,独隐伏而思虑。"(《悲回风》)更常见的是把美人作为上下求索的对象:"溘吾游此春宫兮,折琼枝以继佩。及荣华之未落兮,相下女之可诒。吾令丰隆乘云兮,求宓妃之所在。解佩纕以结言兮,吾令謇修以为理。"(《离骚》)"思美人兮,揽涕而伫眙。媒绝路阻兮,言不可结而诒。蹇蹇之烦冤兮,陷滞而不发。申旦以舒中情兮,志沉菀而莫达。"(《思美人》)屈赋中的香草更是触处可见,而且种类繁多,兰、茝、蕙、荃、江离、辟芷、宿莽、秋菊、木根、薜荔、菌桂、胡绳、芰荷、留夷、揭车、杜衡、申椒,等等,以至于后人将楚辞中的草木当成专门的研究课题。屈原爱好佩带香草:"揽木根以结茝兮,贯薜荔之落蕊。矫菌桂以纫蕙兮,索胡绳之䍤䍤。"(《离骚》)也喜欢服食芳草:"捣木兰以矫蕙兮,糳申椒以为粮。播江离与滋菊兮,愿春日以为糗芳。"(《惜诵》)他甚至用香草来制衣:"制芰荷以为衣兮,集芙蓉以为裳。不吾知其亦已兮，苟余情其信芳。"(《离骚》)他想象中的神仙也居住在遍布香草的环境中："筑室兮水中，葺之兮荷盖。荪壁兮紫坛，播芳椒兮成堂。桂栋兮兰橑，辛夷楣兮药房。罔薜荔兮为帷，擗蕙櫋兮既张。白玉兮为镇，疏石兰兮为芳。芷葺兮荷屋，缭之兮杜衡。合百草兮实庭，建芳馨兮庑门。"(《湘夫人》)简直是一个充满着香花芳草的植物园！美人与香草还时常结合成一个意象："若有人兮山之阿，被薜荔兮带女罗。既含睇兮又宜笑，子慕予兮善窈窕。乘赤豹兮从文狸，辛夷车兮结桂旗。被石兰兮带杜衡，折芳馨兮遗所思。"(《山鬼》)王逸认为《离骚》中多有"引类譬谕"："故善鸟香草，以配忠贞"；"灵修美人，以媲于君"。此说不无道理，但更准确的说法是屈原是用美人香草来比拟本人的高洁品性和美好才质。下列诗句表述得十分清楚："高余冠之岌岌兮，长余佩之陆离。芳与泽其杂糅兮，唯昭质其犹未亏。"(《离骚》)"余幼好此奇服兮，年既老而不衰。带长铗之陆离兮，冠切云之崔嵬，被明月兮佩宝璐。世溷浊而莫余知兮，吾方高驰而不顾。驾青虬兮骖白螭，吾与重华游兮瑶之圃。"(《涉江》)这不是"露才扬己"又是什么？所谓"露才扬己"，就是显露才能，肯定自我。屈原既负盖世英才，为什么不能显露才华进而贡献于世？屈原既然具备高尚的人品，为什么不能高度肯定自我进而追求超

湘君湘夫人图
明·文徵明
故宫博物院藏

越自我？

屈原的人生态度是奋发有为，积极进取。在楚怀王后期及顷襄王时代，楚国政治昏暗，忠奸不分，内则因循苟且，文恬武嬉；外则腆颜事敌，丧权辱国，楚国的没落渐成定局。屈原却以知其不可而为之的积极态度，一心希望力挽狂澜。为了联齐抗秦，屈原风尘仆仆地奔走于道路。为了挫败秦国的奸谋，屈原勇撄逆鳞，面折廷争。即使受到接踵而至的诬陷、迫害，屈原也始终不改初衷。从疏远到流放，从汉北到江南，屈原的处境越来越艰难，他的前途越来越渺茫。失望，孤独，痛苦，迷茫，屈原尝遍了人生的苦味。在长达十六年的流放生涯中，在其生命的最后三分之一历程里，屈原报国无门，壮志难酬。那么，他那四处飘荡、行吟泽畔的生活是有意义的人生吗？答案是绝对肯定的。因为屈原从未放弃自己的人生追求，始终坚持自己的高洁品格，他具有百折不回、九死不悔的坚强意志，曾在《离骚》中三致此意："亦余心之所善兮，虽九死其犹未悔！""虽体解吾犹未变兮，岂余心之可惩！""阽余身而危死兮，览余初其犹未悔！"流放中的屈原并没有空度岁月，他举起如椽巨笔，抒写对祖国和人民的深切爱恋，倾诉对美好理想的热烈追求。屈原被放逐后，在楚国宗庙和先公祠堂的壁画上看到天地山川、神灵鬼怪以及圣贤人物的图像，呵而问之，乃作《天问》。屈原在各地听到民间祭祀时所唱的祭神乐歌，为之润色、修改，乃作《九歌》。楚怀王屈死于秦，其丧归楚，屈原痛其亡于异国，恐其魂魄散于四方，乃作《招魂》。屈原更多的作品是自述生平，自诉心曲。他初放汉北，即作《抽思》；过郢南迁，乃作《哀郢》；南渡沅湘，又作《涉江》；有疑问卜，即作《卜居》；决心自沉，乃作《怀沙》。当然，屈赋的压卷之作，也是屈原用全部生命铸成的不朽诗篇，当推《离骚》。《离骚》的创作时间难以确定，但肯定写于屈原的人生思考趋于成熟的晚年。这是中国文化史上前所未有的宏伟诗篇，也是中国诗歌史上永久的典范杰作。屈原以一人之力，竟创作了与《诗经》并称中国诗歌两大源头的"楚辞"，这是对中华文化的杰出贡献。早在屈原去世的二百八十九年之前，叔孙豹就说过："太上有立德，其次有立功，其次有立言。虽久不废，此之谓不朽。"（《左传·襄公二十四年》）屈原逢时不祥，未能立功，但他在立德、立言两个方面都有卓越的建树。尤其是屈原的楚辞作品，既以高洁情怀鼓舞着千秋志士，亦以惊采绝艳沾溉着万代词人，立言如此，足称不朽。屈原以刚健积极的精神对待生命，他的人生积极有为，他的生命充实而有光辉。

屈原既然热爱生命，又为何以自沉汨罗的方式来终止生命？这个问题长期困扰着人们，曾经出现形形色色的不同解说，比较流行的两种说法是殉国和殉道，[1]笔者倾向于后说，不过笔者所理解的"道"主要指人生信念，与学界意指道德理性的成说稍有不同。与屈原同时而稍早的庄子是喜欢谈论生死的思想家，但是没有证据表明屈原对其思想有所了解。况且庄子主张全生远害，甚至情愿做"宁生而曳尾于涂中"的乌龟（《庄子·秋水》），性格刚烈的屈原不会认同其观念。儒家不大讨论生死问题，但孔子说过："志士仁人，无求生以害仁，有杀身以成仁。"（《论语·卫灵公》）孟子也说过："生亦我所欲也，义亦我所欲也，二者不可得兼，舍生而取义者也。"（《孟子·告子上》）屈原的价值观及生死观都与孔、孟一脉相承。《离骚》中说："伏清白以死直兮，固前圣之所厚。"可见他认同先哲的生死观。《国殇》中说："身既死兮神以灵，魂魄毅兮为鬼雄。"可见他赞扬英雄的壮烈情怀。屈原曾多次表示对庸俗人生的拒否，其中以《怀沙》和《渔父》说得最为清楚："世溷浊莫吾知，人心不可谓兮。知死不可让，愿勿爱兮！""宁赴湘流，葬于江鱼之腹中。安能以皓皓之白，而蒙世俗之尘埃乎？"

---

[1] 详见周建忠《楚辞考论》，商务印书馆2003年版，第143—150页。

屈原不愿让俗世的污泥浊水玷污自己的高洁品质,更不愿让苟且偷生的庸俗态度损害自己的美丽生命。在屈原以高贵的姿态奋身跃入汨罗江的那个瞬间,他维护了生命的尊严,也宣告了对死亡的超越。自沉汨罗终结了屈原的肉体生命,却使其精神生命得以升华,从而超越尘世而获得永恒的意义。屈原用他的全部作品和整个人生谱成一首生命的颂歌,它优美绝伦,悲怆壮烈。自沉汨罗就是这首颂歌的最后一个音符,它高亢有力,余韵不绝。让我们倾听《九歌》的最后一曲《礼魂》:

成礼兮会鼓,传芭兮代舞,姱女倡兮容与。
春兰兮秋菊,长无绝兮终古!

四　龙舟角黍的无尽哀思

屈原生前,是一个深感寂寞的人。他的卓荦才华无人赏识,他的远见卓识无人理解,他的高风亮节无人敬佩,他的美好理想无人认同。楚怀王曾一度重用屈原,但不久就听信谗言而疏远之。至于顷襄王,则从继位伊始就对屈原充满敌意。朝中权臣如令尹子兰、上官大夫及靳尚之流,都是一帮卑鄙龌龊的小人,他们既嫉妒屈原过人的才能,又嫌恶其高洁的品行,莫不视之为仇雠,必欲除之而后快。甚至屈原的亲人也对他缺乏理解,其姐女嬃曾喋喋不休地劝导他:"众不可户说兮,孰云察余之中情?世并举而好朋兮,夫何茕独而不予听?"(《离骚》)屈原孤立无助,冤屈莫诉:"纷逢尤以离谤兮,謇不可释。情沉抑而不达兮,又蔽而莫之白。心郁邑余侘傺兮,又莫察余之中情。固烦言不可结诒兮,愿陈志而无路。"(《惜诵》)无奈之下,屈原只好引古人以为同道:"尧舜之抗行兮,瞭杳杳而薄天。众谗人之嫉妒兮,被以不慈之伪名。"(《哀郢》)"忠不必用兮,贤不必以。伍子逢殃兮,比干菹醢。与前世而皆然兮,吾又何怨乎今之人。余将董道而不豫兮,固将重昏而终身。"(《涉江》)他甚至幻想着穿越时空到古代的明君那里去诉说衷情:"依前圣以节中兮,喟凭心而历兹。济沅湘以南征兮,就重华而陈辞。"(《离骚》)他有时干脆指天为誓:"惜诵以致愍兮,发愤以抒情。所作忠而言之兮,指苍天以为正!"(《惜诵》)司马迁在《史记·屈原列传》中说:"人穷则反本,故劳苦倦极,未尝不呼天也。"这是对屈原的深切理解。正因如此,屈原的全部作品都笼罩着浓重的悲凉之雾,都透露出孤独寂寞的苦闷心情。"曾歔欷余郁邑兮,哀朕时之不当。揽茹蕙以掩涕兮,霑余襟之浪浪。"(《离骚》)"心郁郁之忧思兮,独永叹乎增伤。思蹇产之不释兮,曼遭夜之方长。"(《抽思》)即使是作为祭神乐歌的《九歌》,也沾染了浓烈的孤独寂寞之感:"沅有茝兮澧有兰,思公子兮未敢言。荒忽兮远望,观流水兮潺湲。"(《湘夫人》)"雷填填兮雨冥冥,猨啾啾兮狖夜鸣。风飒飒兮木萧萧,思公子兮徒离忧。"(《山鬼》)后人以为这是"或以阴巫下阳神,或以阳主接阴鬼"(朱熹《楚辞辩证》),即所祭之神灵与主祭之巫师男女异性,遂生相思之情。然而字里行间分明渗透着屈原本人信而见疑、忠而被谤的痛苦与孤独,否则祭神乐歌何以写得如此沉郁悱恻,回肠九转!

屈原身后,也是寂寞凄凉。屈原自沉汨罗的事迹在先秦典籍中不见记载,顷襄王及令尹子兰等人获悉此事后曾否额手相庆,或是压根未曾知闻,都已不得而知。然而历史终于对屈原的悲怆呼唤作出了回应。屈原自沉一百零八年以后,贾谊南迁途经湘水,来到屈原投江之处,作《吊屈原赋》云:

> 恭承嘉惠兮,俟罪长沙。侧闻屈原兮,自沉汨罗。造托湘流兮,敬吊先生。遭世罔极兮,乃殒厥身。呜呼哀哉,逢时不祥!鸾凤伏窜兮,鸱枭翱翔。阘茸尊显兮,谗谀得志。贤圣逆曳兮,方正倒植。……嗟苦先生兮,独离此咎!

贾谊之才情、遭遇,皆与屈原相类,故在《史记》中得与屈原合传。贾谊吊屈,正所谓惺惺相惜,所以他怀着无比虔诚的心情,向屈原表示了真挚的同情和由衷的敬意。从此以后,临湘吊屈成为历代骚人墨客的一个传统。司马迁在《史记·屈原列传》后赞曰:"余读《离骚》《天问》《招魂》《哀郢》,悲其志。适长沙,观屈原所自沉渊,未尝不垂涕,想见其为人。"唐人柳宗元二度南谪,在湘江之滨向屈原诉说心曲:"后先生盖千祀兮,余再逐而浮湘。求先生之汨罗兮,揽蘅若以荐芳。愿荒忽之顾怀兮,冀陈词而有光!"

(《吊屈原文》)中唐创造荆州科举史上"破天荒"记录的刘蜕,临湘吊屈,竟仿佛看见屈原的身影:"风软雨丝兮湘波高,云昏竹暗兮鬼神愁。远霞开兮鸟帆随,碧江平兮归楫移。带隐虹兮衣凝云,披薛荔兮扈江蓠。"(《吊屈原辞》)明人王守仁过湘吊屈,只见夜色凄迷,景物萧瑟:"山黯惨兮江夜波,风飕飕兮木落森柯。泛中流兮焉泊,湛椒醑兮吊湘累。"(《吊屈平赋》)迁客骚人只要一到湘水之滨,心头便会涌现对屈原的同情和景仰,以至于扬雄发明的"湘累"一词竟成了屈原的代称。

民间对屈原的崇敬丝毫不亚于文人墨客,楚国人民用独特的方式来纪念他们敬爱的诗人:一是龙舟竞渡,二是角黍投江。前者最早记载于南朝梁代宗懔的《荆楚岁时记》:"五月五日竞渡,俗为屈原投汨罗日,伤其死,故并命舟楫以拯之。"初唐人所撰的《隋书·地理志》中记载得更为详细:"屈原以五月望日赴汨罗,土人追至洞庭,不见。湖大船小,莫得济者。乃歌曰:'何由得渡湖!'因而鼓棹争归,竞会亭上,习以相传,为竞渡之戏。其迅楫齐驰,棹歌乱响,喧振水陆,观者如云。诸郡皆然,而南郡尤甚。"后者最早记载于梁代吴均的《续齐谐记》:"屈原五月五日投汨罗水,楚人哀之。至此日,以竹筒子贮米投水以祭之。汉建武中,长沙区曲忽见一士人,自云'三闾大夫',谓曲曰：'闻君当见祭，甚善。常年为蛟龙所窃，今若有惠，当以楝叶塞其上，以彩丝缠之。此二物，蛟龙所惮。'曲依其言。今五月五日作粽，并带楝叶、五花丝，遗风也。"两者始见于文献记载的年代都比较晚，但是一种风俗的形成及流行，总要经历较长的岁月。龙舟竞渡与角黍投江虽初见记载于南朝的典籍，但是其产生时代一定要早得多。汉初贾谊《吊屈原赋》中说"侧闻屈原兮，自沈汨罗"，可证汉初在长沙一带流传着屈原自沉的传说，此时距离屈原自沉不过百年。当年楚怀王归葬于楚，"楚人皆怜之，如悲亲戚"。况且屈原忠君爱国，却含冤莫白，楚国人民岂会对他自沉汨罗的悲剧命运无动于衷？楚地向来巫风甚盛，从《招魂》《大招》等楚辞作品可见楚地盛行为亡者招魂之仪式。《招魂》的乱辞说："湛湛江水兮上有枫，目极千里伤春心，魂兮归来哀江南！"这与竞渡者所唱的"何由得渡湖"同样哀伤悲悯，千古之后犹若亲闻。所以我们完全有理由推测，早在屈原死后不久，最迟在汉代楚文化得以复兴之时，龙舟竞渡和角黍投江的风俗就已产生了。汉代建立后，楚文化风靡一时，汉高祖即好楚声，汉武帝则喜楚辞，朱买臣、严助等人竟因通楚辞而得官。随着楚辞的流行，人们对屈原的理解也日渐加深。淮南王刘安奉武帝之诏写作《离骚传》，高度评价屈原的人格意义："其志洁，故其称物芳。其行廉，故死而不容自疏。濯淖汙泥之中，蝉蜕于浊秽，以浮游尘埃之外，不获世之滋垢，皭然泥而不滓者也。推此志也，虽与日月争光可也！"[1]据史书记载，此传在半日之内就得以写成，可见这是刘安胸有成竹的看法，或是当时相当流行的观点。上有所好，下必甚焉。上层社会对屈原的重视必然会影响到民间，于是龙舟竞渡和角黍投江的风俗便从楚地传播开来。盛唐人刘𫗧的《隋唐嘉话》卷下云："俗五月五日为竞渡戏，自襄州以南，所向相传。云：屈原初沉江之时，其乡人乘舟求之，意急而争前，后因为此戏。"所谓"襄州以南"，大致上包括整个长江流域，也即适于赛舟的南方水乡。唐元和前期（806—814），刘禹锡在朗州（今湖南常德）的沅水边上看到了热闹非凡的竞渡盛况：

> 沅江五月平堤流，邑人相将浮彩舟。灵均何年歌已矣，哀谣振楫从此起。扬桴击节雷阗阗，乱流齐进声轰然。蛟龙得雨鬐鬣动，䗖𬟽饮河形影联。刺史临流褰翠帏，揭竿命爵分雄雌。先鸣

---

[1]《离骚传》原文已佚。据学者考证，其部分内容见于《史记·屈原列传》，详见李诚《楚辞论稿》，中国社会科学出版社2006年版，第475—498页。

余勇争鼓舞,末至衔枚颜色沮。百胜本自有前期,一飞由来无定所。风俗如狂重此时,纵观云委江之湄。彩旗夹岸照鲛室,罗袜临波呈水嬉。曲终人散空愁暮,招屈亭前水东注。

此诗小序中说:"竞渡始于武陵,至今举楫而相和之,其音咸呼曰'何在',斯招屈之义。"(《竞渡曲》)舟子所呼喊的"何在",意即寻觅屈原而不得,声调之凄切仿佛可闻。

唐贞元九年(793),孟郊途经汨罗,作诗吊屈,且记其地风俗云:"悠哉风土人,角黍投川隅。相传历千祀,哀悼延八区。"(《旅次湘沅有怀灵均》)可见五月五日以角黍投江以祭屈原的风俗在中唐时已经传至全国各地。

到了今天,赛龙舟与食粽子已经成为全国人民欢度端

龙舟竞渡卷（局部）　清·王棨　故宫博物院藏

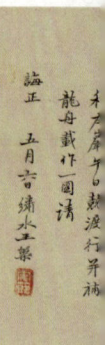

午佳节的标志性节俗。虽说端午节的产生远在屈原之前，龙舟、角黍也许古已有之，但自从屈原于是月是日投江以来，五月五日便被赋予特别的意义。至于龙舟、角黍之节俗，则在最早的文字记载中便与纪念屈原有关。于是夏历五月五日便成为身兼二任的重要节日：于季节时令而言，它是端午节；于文化意义而言，它是屈原纪念日。早在1941年，中华全国文艺界抗敌协会诗歌组便决定夏历五月五日为诗人节，以纪念屈原。2005年端午之前，一艘木船从屈原的故乡秭归出发，沿长江，过洞庭，沿途收集民间自

发捐献的粽子与祭屈诗文,到达汨罗江畔后将粽子投入滔滔碧波,将诗文焚作缕缕青烟。到了夏历五月五日这天,汨罗江畔举行了规模宏伟的祭屈大典,三十万民众在诗人余光中带领下,齐声诵读余氏新作《汨罗江神》:

> 烈士的终点就是诗人的起点?昔日你问天,今日你问河,而河不答,只悲风吹来水面,悠悠西去依然是汨罗……

琅琅的吟诵声散入江风,仿佛是二千三百年前屈原的悲愤独白引起的巨大回响。唐人李白说得好:"屈平辞赋悬日月,楚王台榭空山丘。"(《江上吟》)时至今日,炙手可热的楚顷襄王、令尹子兰之辈安在哉?雄视四海的秦王、张仪之流又安在哉?只有屈原永远活在人民心头,因为真正的诗歌是不朽的,真正的诗人是不死的,屈原的生命已经融入中华民族的历史长河,从而获得永恒。

推荐读物:

1. 金开诚、董洪利、高路明《屈原集校注》,中华书局1996年版
2. 郭维森《屈原评传》,南京大学出版社1998年版

第二章

隐士陶渊明

风调雨顺的时令,欣欣向荣的草木,以及树上的鸟鸣,园中的菜蔬,杯中的薄酒,案头的闲书,无不使他感到由衷的愉悦。诗人在美好的自然环境中自由自在地生存,他平和安详,心满意足。

渊明逸致图
明·周位
台北故宫博物院藏

归去来兮,田园将芜胡不归?

一　躬耕陇亩的隐士

在中国文学史乃至中国文化史上,陶渊明是一位非常独特的人物。他的一生平淡无奇,不但没有名垂青史的功业建树,而且没有激动人心的复杂经历。他曾做过几任小官,后来便在家乡浔阳隐居终老。他留下的作品只有一百二十多首诗歌和十二篇辞赋、散文,这些作品内容朴实,风格平淡,并不以奇情壮采见长,当时几乎没有受到文坛的注意。但是陶渊明身后的声名却与日俱增,最终成为后代士人无比敬仰的文化伟人。苏轼是才华横溢的天才,却认为李白、杜甫都不如陶渊明,并且"欲以晚节师范其万一也"(《与子由书》)。辛弃疾是叱咤风云的英雄,却对陶渊明极表敬意:"须信此翁未死,到如今凛然生气。"(《水龙吟》)清代龚自珍甚至说:"渊明酷似卧龙豪,万古浔阳松菊高!"(《舟中读陶》)一位终生隐居的穷苦读书人竟会与功盖三分国的诸葛卧龙一样雄豪?陶渊明故居的平常松菊竟会成为万古高标的象征?让我们从他的生平说起。

陶渊明在《晋书》《宋书》《南史》中皆有传,此外梁代的昭明太子萧统也撰有《陶渊明传》。陶渊明于东晋兴宁三年(365)生于浔阳柴桑(今江西九江),宋元嘉四年(427)卒于故里,享年六十三岁。[1]他在东晋生活了五十五年,入宋后生活了七年,其生平正当晋宋之际的乱世。陶渊明的曾祖陶侃身为东晋重臣,官至太尉、都督八州军事、荆江二州刺史,封长沙郡公,进赠大司马。陶侃是东晋的重臣,为稳定东晋政权立有大功,功勋和地位并不亚于王导、谢安,但是他本是南方的溪族,年轻时曾打鱼为生。在那个特别看重门第的社会里,陶侃虽居高位,仍不免被出身贵族的温峤骂为"溪狗"。陶侃身后不久,其家族就衰微了,以至于连陶渊明的祖、父叫什么名字,现已不很清楚。陶渊明虽为陶侃这位曾祖感到自豪,但他从来不认为自己出身贵族,相反,他对自己的身份定位总是"贫士"。请看陶渊明在《五柳先生传》中的自述:

先生不知何许人也,亦不详其姓字。宅边有五柳树,因以为号焉。闲靖少言,不慕荣利。好

【1】陶渊明之卒年历来无异议,生年则众说不一,故其享年另有51岁说、52岁说、56岁说、76岁说等异说,详见李锦全《陶潜评传》,南京大学出版社1998年版,第62页。

读书,不求甚解。每有会意,便欣然忘食。性嗜酒,家贫不能常得,亲旧知其如此,或置酒而招之。造饮辄尽,期在必醉。既醉而退,曾不吝情去留。环堵萧然,不蔽风日。短褐穿结,箪瓢屡空,晏如也。常著文章自娱,颇示己志。忘怀得失,以此自终。赞曰:黔娄之妻有言:"不戚戚于贫贱,不汲汲于富贵。"极其言,兹若人之俦乎?酣觞赋诗,以乐其志。无怀氏之民欤,葛天氏之民欤?

这篇短文并未声称是自传,但是沈约《宋书·隐逸传》称"其自序如此,时人谓之实录",萧统的《陶渊明传》亦说"尝著《五柳先生传》以自况,时人谓之实录",可见人们公认它就是陶渊明的自传。凡是传记文字,第一要务是交代传主的家世。然而《五柳先生传》中开篇即云:"先生不知何许人也,亦不详其姓字。"这固然是故弄狡狯的文学手法,但也透露出作者对于郡望、阀阅、族姓等决定士人身份高下的种种因素的蔑视。陶渊明死后,其好友颜延之作《陶征士诔》以哀悼之,诔文中说陶渊明"韬此洪族,蔑彼名级",正是对这种精神的准确表述。"韬",敛藏也。"洪族",大族也。

陶渊明早年丧父,家境贫寒,二十九岁入仕,历任江州祭酒、荆州刺史幕僚、镇军参军、建威参军、彭泽令等职,四十一岁辞去彭泽令,从此归乡隐居,终身不复出仕。被后人称为"古今隐逸诗人之宗"(钟嵘《诗品》)的陶渊明为什么几度出仕?他在《归去来兮辞》中说得很清楚:"余家贫,耕植不足以自给。"可见他是为了养家活口才勉强出仕的。颜延之的诔文把陶渊明出仕的原因说得更加清楚:"少而贫病,居无仆妾。井臼弗任,藜菽不给。母老子幼,就养勤匮。远惟田生致亲之议,追悟毛子捧檄之怀。"李善注指出后面二句包含着两个典故。一是《韩诗外传》所记战国时人田过之语:"非君之土地无以处吾亲,非君之禄无以养吾亲,非君之爵无以尊显吾亲,受之于君,致之于亲,凡事君以为亲也。"二是《后汉书》所载的毛义之行为:"庐江毛义少节,家贫,以孝行称。南阳人张奉慕其名,往候之。坐定而府檄适至,以义守令。义奉檄而入,喜动颜色。奉者,志尚士也,心贱之,自恨来,固辞而去。及义母死,去官行服。数辟公府,为县令,进退必以礼。后举贤良,公车征,遂不至。张奉叹曰:'贤者固不可测。往日之喜,乃为亲屈也。斯盖所谓家贫亲老,不择官而仕者也。'"可见陶渊明所以出仕,最重要的原因是为了奉养母亲。在这方面,田过的言论和毛义的行为就是陶渊明心中的出仕准则。陶渊明的出仕是一种不得已而为之的无奈之举。

正因如此,陶渊明虽然几度出仕,但在职时间一共不过数年。他初作江州祭酒,"少日自解归",后来的几任也都很短:任荆州幕僚达三年,当镇军参军不足一年,建威参军仅五个月,最后一个官职彭泽县令只当了八十多天。晋义熙元年(405)八月,陶渊明为彭泽令。"岁终,会郡遣督邮至县,吏请曰:'应束带见之。'渊明叹曰:'我岂能为五斗米,折腰向乡里小儿!'即日解绶去职,赋《归去来》。"(萧统《陶渊明传》)他从此彻底摆脱了官场的羁绊,像出笼的鸟儿飞向蓝天,《归去来兮辞》中说:

> 归去来兮,田园将芜胡不归?既自以心为形役,奚惆怅而独悲。悟已往之不谏,知来者之可追。实迷途其未远,觉今是而昨非。舟遥遥以轻飏,风飘飘而吹衣。问征夫以前路,恨晨光之熹微。乃瞻衡宇,载欣载奔。僮仆欢迎,稚子候门。三径就荒,松菊犹存。携幼入室,有酒盈樽。

从此以后,陶渊明就在家乡隐居。在当时的条件下,隐居生活是清贫乃至艰苦的。对于一个读书人来说,繁重的农业劳动是格外的艰辛。陶渊明家境贫寒,耕种所得不

归去来辞图 元·钱选 美国大都会艺术博物馆藏

足维持全家温饱,有时竟不免向人乞食。但即使如此,陶渊明还是坚决拒绝地方官府乃至朝廷的征召,这是高风亮节,这是对黑暗政治的批判和抗争!陶渊明四十一岁辞官归隐,六十三岁去世。这长达二十多年的隐居生涯,就是一部精神抗争的历史,是高洁的品节战胜富贵荣华的诱惑的胜利记录。请看在陶渊明去世前不久发生的一件事。当时的江州刺史檀道济上门来拜访,这位檀道济不但是江州的地方长官,而且是刘宋皇朝的宠臣,他闯进陶家,以居高临下的语气规劝陶渊明出仕,说什么"贤者处世,天下无道则隐,有道则至。今子生文明之世。奈何自苦如此"。

秉性贞刚的陶渊明早已绝意仕进，况且檀道济还不合时宜地把刘裕已行篡弑之事的当时誉为"文明之世"，这更使对刘裕篡晋极为反感的陶渊明忍无可忍。尽管此时陶渊明贫病交加，处境窘迫，但他断然拒绝了檀道济的劝说。话不投机的檀道济临走时竟然"馈以粱肉"，公然以权贵的身份对陶渊明进行物质赏赐，陶渊明坚决不肯接受这种"嗟来之食"，"麾而去之"，即挥挥手让他拿走。一向待人彬彬有礼的陶渊明为什么会不顾礼数地"麾而去之"？因为檀道济的举止触犯了陶渊明的道德底线，"麾而去之"是对"嗟来之食"的拒绝，是对物质诱惑的坚决抵拒。

陶渊明终于在贫穷艰难却又恬静安宁的隐居生活中走完了人生。临终时,他作《自祭文》云:"不封不树,日月遂过。匪贵前誉,孰重后歌!"果然,他的身后相当凄凉。挚友颜延之作诔哀悼,并与其友好商议后私谥曰"靖节征士",此外无人为作哀吊文字,更没有得到朝廷的封赠。以至于在他身后不久,沈约、萧统等人对他究竟是名"渊明"字"元亮",还是名"潜"字"渊明",就已不甚了然。然而随着岁月的流逝,陶渊明在后人心目中的地位越来越重要,终于成为仰之弥高的人格典范。请看南宋辛弃疾在《鹧鸪天》中对陶渊明的礼赞:

晚岁躬耕不怨贫,只鸡斗酒聚比邻。都无晋宋之间事,自是羲皇以上人。

千载后,百篇存,更无一字不清真。若教王谢诸郎在,未抵柴桑陌上尘!

二　污浊泥塘中的皎洁白莲

陶渊明生活的晋宋之际,堪称中国历史上著名的乱世。在陶渊明出生的四十多年前,东晋的第二个皇帝晋明帝向宰相王导询问晋朝的开国史,王导就把当初司马氏篡夺曹魏政权的残暴过程说了一遍。明帝听了,羞愧得把脸伏在床上说:"若如公言,祚安得长!"正如当时北方前赵的石勒所说,司马氏的政权是用狡诈和残暴的手段从孤儿寡妇手中夺来的。由于晋朝的政权不具有合法性,朝廷甚至不敢提倡忠君,整个社会便陷入缺乏道德准则的混乱状态。晋代的历史学家干宝写了一部《晋纪》,一般来说,叙述本朝历史的史书总要歌功颂德一番,可是干宝在《晋纪·总论》中却对本朝政治严厉批评,对当时的社会风气尤其感到痛心疾首:"朝寡纯德之士,乡乏不二之老。风俗淫僻,耻尚失所。"及至晋末宋初,士大夫更加道德沦丧,寡廉鲜耻。在那个充满着污泥浊水的泥塘中,陶渊明像皎洁的白莲一样出淤泥而不染,成为那个浊世中独一无二的人格高标。那么,陶渊明的人格究竟有哪些不同于流俗的体

菊花图

清·虚谷　台北故宫博物院藏

现呢？

首先，当整个社会都争先恐后地趋附权势与财富时，陶渊明却以清高、狷介的品格鹤立鸡群。晋朝的门阀制度根深蒂固，决定人们社会地位的既非德行，也非才能，而是门第。所以左思愤怒地说："郁郁涧底松，离离山上苗。以彼茎寸径，荫此百尺条。"(《咏史八首》之二)枝叶繁茂的松树长在涧底，柔弱的树苗长在山顶。那棵只有一寸粗的小树苗竟然遮盖着百尺青松！所谓"上品无寒门，下品无势族"(《晋书·刘毅传》)，便是当时门阀制度的准确概括。当时不但王谢子弟聚居在建康城的乌衣巷里妄自尊大，社会上的其他人也对高门贵族心怀歆羡，直到梁代，连那个一心要造反的侯景都向梁武帝提出要向王谢之家求婚。门阀制度下的价值观必然导致全社会追逐富贵的不良风气，正如干宝在《晋纪·总论》中所说，当时的士风是"悠悠风尘，皆奔竞之士；列官千百，无让贤之举"。士人不但追求官位，而且赤裸裸地追逐财富。王戎身居高位，家财百万，还每天晚上与妻子在烛光下摆弄筹码算账。和峤家财万贯却为人吝啬，人们说他有"钱癖"。正是在晋代，鲁褒的《钱神论》中出现了"亲之如兄，字曰孔方"的话，故后人称钱为"孔方兄"。在这样一个污糟的环境中，陶渊明以我行我素的态度遗世而独立。陶渊明对以王谢为代表的高门贵族从未投过一丝钦羡的目光,相反,他对历史上那些贫寒终生的高士极为倾慕。他写了《咏贫士七首》,咏赞那些安贫守贱的古代高士,比如荣启期、原宪、黔娄、袁安等。最值得注意的是专咏黔娄的第二首,诗中说:"安贫守贱者,自古有黔娄。好爵吾不荣,厚馈吾不酬。"后二句说既不以高贵的爵位为荣,也不接受丰厚的馈赠,这正是陶渊明本人处世态度的真实写照。陶渊明才到中年便辞官归耕,其后即使生活贫困乃至艰辛,也坚决不应朝廷的征召,这是对"不义而富且贵"的彻底拒绝,是对趋炎附势的世风的尖锐批判。有些论者强调陶渊明对晋室的忠诚,说他归隐不仕是出于反对刘裕篡晋。陶渊明确实反对刘宋篡晋,他的曾祖为东晋重臣,本人也曾仕晋,自然会有忠晋的意识。况且刘裕以狡诈残暴行篡夺之事,更使陶渊明十分反感。晋恭帝被弑后,陶渊明作《述酒》一诗,用廋词隐语抒哀悼之意,便是明证。然而陶渊明归隐的意义远远高于不事二朝。他辞去彭泽令事在义熙元年(405),下距刘裕篡晋尚有十五年,此时刘裕篡晋之势尚未形成,陶渊明不能未卜先知。其实陶渊明对整个晋宋之际的黑暗政治都深恶痛绝,他竭尽全力去维护的目标是内心的操守。正因如此,志行高洁的萧统颂扬陶渊明:"贞志不休,安道苦节,不以躬耕为耻,不以无财为病,自非大贤笃志,与道汙隆,孰能如此者乎!"南宋隐士朱敦儒晚年被迫出仕,后深感懊悔,作诗说:"而今心服陶元亮,作得人间第一流!"[1]

其次,当整个社会弥漫着虚伪、浮躁、放纵的风气时,陶渊明却以真诚、纯朴的行为鹤立鸡群。道德沦丧的社会必然是虚伪的,晋代士人的假清高便是明证。比如享尽富贵荣华且纵容妻子公然受贿的王衍,竟然"口不言钱"。又如潘岳作有《闲居赋》,表达了恬淡高洁的情怀,但他事实上是个"望尘而拜"的卑劣小人。陶渊明对此深恶痛绝,他在《感士不遇赋》中痛斥:"自真风告逝,大伪斯兴。闾阎懈廉退之节,市朝驱易进之心。"陶渊明自身的行为则纯粹出于天真的本性,从无丝毫的伪装或虚饰。陶渊明彻底看穿了官场的黑暗本质,便决然归隐,决不做暂栖山林而心怀魏阙的假隐士,朱熹说得好:"晋宋间人物,虽曰尚清高,然个个要官职。这边一面清谈,那边一面招权纳货。渊明却真个能不要,此其所以高于晋宋人也。"(《朱子语类》卷三四)陶渊明在日常生活中的表现也与当时的风气背道而驰。晋代士人多有放诞、纵欲等病态行为。西晋之初,阮籍、嵇康等名士蔑视礼教的放诞行为是为了抒发内心的苦

---

[1] 见刘克庄《后村诗话·续集》卷四,中华书局1983年版,第134页。

闷,也是对黑暗现实的反抗,但后来的士人袭其外表而失其精神,遂流于放荡纵恣,装疯卖傻。葛洪在《抱朴子》里揭露他们的丑态是:"或亵衣以接人,或裸袒而箕踞。……宾则入门而呼奴,主则望客而放狗。"陶渊明生性真率,不修边幅,他有些行为也好像异于常人,比如当着旁人的面取下头上的葛巾来漉酒,漉完后又戴到头上去。又如他与客人共饮而先醉,便对客人说:"我醉欲眠,卿可去!"如果陶渊明身为贵族中人,这些举止多半会被刘义庆视作风流轶事写进《世说新语》。但是陶渊明的行为与上述狂士貌同而实异:那些狂士的放诞行为,多属装腔作势,颇像现代人吸引目光的"行为秀",而陶渊明却一任情性,绝无伪饰。苏轼说得好:"陶渊明欲仕则仕,不以求之为嫌。欲隐则隐,不以去之为高。饥则扣门而乞食,饱则鸡黍以延客。古今贤之,贵其真也!"(《书李简夫诗集后》)

辞官归隐是陶渊明个人的人生选择,清高、耿介及真诚、纯朴,是陶渊明个人的人格特征,这些都与当时的世风南辕北辙,为什么会得到后人众口一辞的高度赞颂呢?换句话说,陶渊明特立独行的个人行为,究竟有什么特殊的意义呢?众所周知,只要不是无政府的社会,便需要有人做官,一个人选择做官为职业,当然是正当的权利。财富是生活的必要条件,人们追求更多的财富,当然也是正当

漉酒图

明·丁云鹏
上海博物馆藏

的权利。但是,由于官员和富豪都能占有远远多于普通人的生活资料,都能获得远远超过普通人的物质享受,担任官职和追求财富这两项行为不但不包含任何道德价值,而且难免混杂着庸俗乃至卑劣的动机。况且一个社会所能提供的生活资料的总量是有限的,一部分人占有太多,势必会损害其余的人。所以毋庸讳言,假如一个社会的成员全都不顾一切地追求官职,而做官的主要目标仅是猎取荣华富贵甚至贪污狼藉;或者一个社会的成员全都不顾一切地追逐财富,而发财的目的仅是挥霍奢华甚至为富不仁,那么这个社会靠什么道德准则来维系?毫无疑问,这样的社会必然会陷入你争我夺、尔虞我诈的境地,最后道德沦丧,分崩离析,不可收拾。古人为什么要提倡廉退之风?其深层原因就是想用此来调节社会的秩序。春秋时代的伯夷、叔齐,平生并无功业建树,他们的事迹只是在继位问题上互相推让,武王伐纣后又不食周粟饿死在首阳山上,然而孔子称扬他们"求仁而得仁"(《论语·述而》),孟子甚至说:"闻伯夷之风者,顽夫廉,懦夫有立志。"(《孟子·万章下》)这是为什么?就是为了树立廉退之风的典范。在一个正常的社会里都需要提倡廉退之风,更不用说晋宋之际那种道德沦丧的乱世了。所以陶渊明的出现,确实具有巨大的社会意义。陶渊明用他一生的行为树立了一个安贫乐道、廉退高洁的典型,不但是封建时代的道德制高点,也对现代社会具有巨大的教育意义。

即使对于个体人生,陶渊明的人格高标也具有重要的指导意义。正如上文所述,担任官职和追求财富都是人生的正当选择。但是假如你除此之外别无所求,假如你为了达此目的不择手段,那就会在人生道路上迷失方向,从而丧失自我。你就会被官职、财富这些身外之物异化。如今有许多人志在必得地参加公务员考试,如果屡考不中,便灰心丧气,一蹶不振。他们不知道人生有多种途径,不入政界未必便不能度过有意义的人生。还有些人一心想着致富甚至一夜暴富,如果美梦破灭,便终日惶惶不安,或自轻自贱。他们不知道生活有多种形态,过多的财富其实并无实际价值。从唐宋到元明清,不知有多少士人在陶渊明面前顶礼膜拜,因为他们从陶渊明身上找到了精神的归宿,领悟了人生的真谛。难道生活在现代社会的我们就不再需要陶渊明了吗? 不! 在这个浅薄、浮躁的时代里,许多人在精神上陷入了坐立不安的焦虑状态,陶渊明就是能帮助我们退烧的一帖清凉剂。陶渊明的人生观能够引导我们保持原有的善良、纯洁的本性,并抵御尘世的种种诱惑。

陶渊明的人格意义,就是其诗文的价值之所在。陶渊明诗文的最大特色是什么？千古读者众口一辞的评价是真淳、自然。感情真挚而毫无虚饰,风格平淡而毫无雕琢。后人对这种艺术境界佩服得五体投地,百般模仿却难以接近,其实奥秘全在于陶渊明的写作态度。陶渊明在《五柳先生传》中自称"常著文章自娱,颇示己志",可见他吟诗作文,只是为了自娱,而不是想青史留名,更不是为了取悦时俗。与此相映成趣的是关于无弦琴的传说。最早的几种陶渊明传记中都说他家有无弦琴一张,每当饮酒微醺以后,便抚琴寄意。后人对这张无弦琴议论纷纷,有人甚至认为它与《老子》所说的"大音希声"一样寓有深意。事实上如果陶渊明有意置办一张无弦琴,那就有点装神弄鬼的行为秀的味道,这显然是对陶渊明的歪曲。苏轼说得好："当是有琴而弦弊坏,不复更张,但抚弄以寄意。"(《渊明无弦琴》)陶渊明家境贫寒,衣食尚且不周,琴弦坏了一时没钱更新,是情理中事。古人鼓琴多为自娱,阮籍说"夜中不能寐,起坐弹鸣琴"(《咏怀诗》),王维说"独坐幽篁里,弹琴复长啸。深林人不知,明月来相照"(《竹里馆》),静夜无人,四顾寂寥,哪有什么听众？陶渊明也是如此,对他来说,弹琴与作诗一样,都是抒发内心情志而已。琴弦未断时,陶渊明当然会弹出琴声。琴弦断了,适逢心中有所感触需要抒发,他便抱着那张无弦琴抚弄一番。反正他需要的是以寄其意,只要内心有个旋律便行,有没有发出琴声,又有什么关系?陶渊明的诗文也是如此,他写作时只是以示己志,根本没有考虑要迎合读者。这样的诗文,怎会不真淳、自然呢?所以陶渊明其人与陶渊明的作品是二位一体、无法分离的。陶渊明的诗文正是其平凡人生的真实写照,也是其人生态度的真实披露。如果不了解陶渊明的高洁志行,那些平淡质朴的诗文便不会如此激动人心。人生在世,当然应该树立远大的人生目标,最好能为国家、人民多作贡献。但毫无疑问,事实上能够建功立业的只是极少数人。因为成功不但需要内在的品德和才能,还需要外在的环境和机会。那么,假如你只是一个普通人,你又怎样实现人生的价值呢?你怎样才能让平凡的一生过得愉快、充实,而且富有意义呢?请读陶渊明的作品吧,那些隽永有味的诗文就是我们最好的人生指南。

三 简朴生活的诗意升华

朱熹评陶渊明说:"隐者多是带气负性之人为之,陶欲有为而不能者也。"(《朱子语类》卷一四零)此语真是知人论世的名言。陶渊明少时胸怀大志:"忆我少壮时,无乐自欣豫。猛志逸四海,骞翮思远翥。"(《杂诗十二首》之五)"少时壮且厉,抚剑独行游。谁言行游近,张掖至幽州。"(《拟古九首》之八)此志虽然未能实现,但始终蕴藏在心,一不小心就会露出本相,比如他仰慕不畏暴秦的义士荆轲:"其人虽已没,千载有余情。"(《咏荆轲》)朱熹评曰:"平淡底人如何说得这样言语出来!"(《朱子语类》卷一四零)又如他歌颂神话传说中的精卫和刑天:"精卫衔微木,将以填沧海。刑天舞干戚,猛志固长在。"(《读山海经十三首》之十)鲁迅称之为"金刚怒目"(《题未定草》)。可惜陶渊明身处乱世,正直的士人根本不可能有所作为,无奈之下,只好放弃兼济天下的雄心,转而走上独善其身的归隐之途。所以陶渊明的归隐不是退避,更不是放弃,而是一种特殊形态的坚守与抗争。孔子曰:"君子固穷,小人穷斯滥矣。"(《论语·卫灵公》)陶渊明对此深有会心："斯滥岂彼志,固穷夙所归。"(《有会而作》)所以"褴缕茅檐下"(《饮酒二十首》之九)的陶渊明不是一个可怜的穷人,而是一位骄傲的贫士。试看他笔下的贫士形象："荣叟老带索,欣然方弹琴。原生纳决履,清歌畅商音。"(《咏贫士七首》之三)"仲蔚爱穷居,绕宅生蒿蓬。翳然绝交游,赋诗颇能工。"(《咏贫士七首》之六)哪一个不是安贫乐道、遗世独立的高尚之士!

陶渊明辞官归隐、躬耕陇亩的行为,是对当时污浊士风的当头棒喝,它具有振聋发聩、涤秽布新的巨大意义。晋代士人崇尚虚谈,不务实事。士人连官场的职事都不愿办理,对体力劳动更是极端轻视。王徽之身任骑兵参军,上司查问他辖下有多少马匹,他竟然回答说："不问马。"上司又问他近来马匹死了多少,他又回答："未知生,焉知死?"(《世说新语·简傲》)梁代的到溉官至吏部尚书,但是其祖父到彦之曾担过粪,于是何敬容讽刺到溉"尚有余臭"(《南史·到彦之传》)。两晋南朝的士人最喜欢做的事便是装腔作势,谈空说有,正如《晋纪·总论》中说,"当官者以望空为高,而笑勤恪","若夫文王日昃不暇食,仲山甫夙夜匪懈者,盖共嗤点以为灰尘,而相诟病矣"。陶渊明则与之相反,他认为人们应该自食其力,为了衣食而参加劳

虎溪三笑图　南宋·佚名　台北故宫博物院藏

动是人生的正道。他说："人生归有道，衣食固其端。孰是都不营，而以求自安？"（《庚辰岁九月于西田获早稻》）在中国的诗歌史上，陶渊明首次充满诗意地描写农业生产："有风自南，翼彼新苗。"（《时运》）他还为自己留下一个充满诗意的劳动者剪影："晨兴理荒秽，带月荷锄归。"（《归园田居五首》之三）

　　晋代士人还纵情放恣于物质享受，炫财斗富，穷奢极侈。比如用人奶喂猪以求猪肉肥美，用金钱装饰骑射场的围墙，都是记录在《世说新语·汰侈》里的事例。他们还恬不知耻地为这种行径寻找理论根据。石崇在太学里看到颜回、原宪的画像后，竟然声称："士当身名俱泰，何至瓮牖哉！"公然表示他决不愿意像颜回、原宪那样崇德行而守贫贱。正是在晋代，产生了托名列子的《杨朱篇》，厚颜无耻地为纵欲生活作辩护，公然声称"唯患腹溢而不得恣口于饮，力惫而不得肆情于色"。陶渊明则与这种风气背道而驰，正如颜延之的诔文所云，陶渊明归隐后的生活是"居备勤俭，躬兼贫病。人否其忧，子然其命"。意即虽然贫病交加，处于"人不堪其忧"的艰苦境地[1]，陶渊明却并无戚戚之意，相反，他在简朴清贫的农村生活中乐天知命，从容安详。试看《归去来兮辞》："引壶觞以自酌，眄庭柯以怡颜。倚南窗以寄傲，审容膝之易安。园日涉以成趣，门虽设而常关。策扶老以流憩，时矫首而遐观。云无心以出岫，鸟倦飞而知还。景翳翳以将入，抚孤松而盘桓。……悦亲戚之情话，乐琴书以消忧。"只是平凡朴素的日常生活，但字里行间洋溢着幸福感和美感，乃至诗意。

从整体上看，归隐后的陶渊明总是保持着平和、安宁的心情。躬耕生活尽管艰苦，在陶渊明眼里却是充实、愉

---

[1] 李善引《论语·雍也》中"人不堪其忧，回也不改其乐"以注"人否其忧"一句，甚确。见萧统编，李善注《文选》卷五七，上海古籍出版社1986年版，第2473页。

快的。他用优美的诗句描写了乡村生活的方方面面,既有劳动的艰辛,也有收获的喜悦。既有贫穷的烦恼,也有亲情的可爱。他在起居饮食的日常生活中发现了许多乐趣,比如用普通的饭菜招待邻居:"漉我新熟酒,只鸡招近局。日入室中暗,荆薪代明烛。"(《归园田居五首》之五)又如膝下牙牙学语的幼儿:"弱子戏我侧,学语未成音。此事真复乐,聊用忘华簪。"(《和郭主簿》)甚至是夏日北窗下的一缕清风:"五六月中,北窗下卧,遇凉风暂至,自谓是羲皇上人。"(《与子俨等疏》)他从鸡犬桑麻的农村景象中获得美感,比如在风中摇摆的新苗:"平畴交远风,良苗亦怀新。"(《癸卯岁始春怀古田舍二首》之二)又如园中的一株青松:"青松在东园,众草没其姿。凝霜殄异类,卓然见高枝。"(《饮酒二十首》之八)乃至仲春时分的草木虫鸟:"众蛰各潜骇,草木从横舒。翩翩新来燕,双双入我庐。"(《拟古九首》之三)更重要的是,陶渊明在美丽、安宁的田园中找到了心灵的归宿。在《归园田居五首》之一中,他深情地写道:

少无适俗韵,性本爱丘山。误落尘网中,一去三十年。羁鸟恋旧林,池鱼思故渊。开荒南野际,守拙归园田。方宅十余亩,草屋八九间。榆柳荫后檐,桃李罗堂前。暧暧远人村,依依墟里烟。狗吠深巷中,鸡鸣桑树颠。户庭无尘杂,虚室有余闲。久在樊笼里,复得返自然。

陶渊明性格敦厚,感情深挚,他特别珍爱亲情、友情,这是陶诗、陶文最为动人的内容。他用诙谐的口吻写成《责子》一诗:"白发被两鬓,肌肤不复实。虽有五男儿,总不好纸笔。阿舒已二八,懒惰故无匹。阿宣行志学,而不爱文术。雍端年十三,不识六与七。通子垂九龄,但觅梨与栗。天运苟如此,且进杯中物。"北宋黄庭坚书写此诗后跋云:"观渊明之诗,想见其人岂弟慈祥,戏谑可观也。俗人便谓渊明诸子皆不肖,而渊明愁叹见于诗,可谓痴人前不得说梦也!"(《书陶渊明责子诗后》)黄氏的解读非常准确,这首陶诗的动人之处既是诙谐,更是慈爱。更为感人的是陶渊明自觉病重时对诸子的谆谆嘱咐:"吾年过五十,少而穷苦,每以家弊,东西游走。性刚才拙,与物多忤,自量为己,必贻俗患。僶俛辞世,使汝等幼而饥寒。……汝辈稚小家贫,每役柴水之劳,何时可免,念之在心,若何可言。然汝等虽不同生,当思四海皆兄弟之义。鲍叔、管仲,分财无猜;归生、伍举,班荆道旧。遂能以败为成,因丧立功。他人尚尔,况同父之人哉!"(《与子俨等疏》)愧疚、忧虑、关切、希冀……父子间的款款深情，出之以平白如话的文字，堪称至情至文。陶渊明与邻居也亲如家人，他移居时希望得到佳邻："昔欲居南村，非为卜其宅。闻多素心人，乐与数晨夕。怀此颇有年，今日从兹役。弊庐何必广，取足蔽床席。邻曲时时来，抗言谈在昔。奇文共欣赏，疑义相与析。"（《移居二首》之一）家中断粮时自欣得到邻居接济："饥来驱我去，不知竟何之。行行至斯里，叩门拙言辞。主人解余意，遗赠岂虚来。谈谐终日夕，觞至辄倾杯。情欣新知欢，言咏遂赋诗。感子漂母惠，愧我非韩才。衔戢知何谢，冥报以相贻。"（《乞食》）朴实的诗句里洋溢着真挚的深情，这是对平凡生活的热情歌颂。

陶渊明的生活内容不仅仅是春种秋收，养老抚幼，他在《五柳先生传》中自述平生有两大爱好，一是好读书，二是爱饮酒。颜延之的诔文中也将这两件事相提并论："心好异书，性乐酒德。"何谓"异书"？"异"就是"非常"的意思，"异书"当是指儒家经典之外的书籍。陶渊明曾熟读儒家经典："少年罕人事，游好在六经。"（《饮酒二十首》之十六）他也爱读《山海经》之类荒诞不经的"异书"。他的读书态度引人注目，就是"好读书，不求甚解"。这是一种轻松、随意，不带任何功利目的的读书方式。众所周知，汉代的经学繁缛琐碎，魏晋以来士风一变，士大夫喜爱哲理思辨,穷究底蕴。陶渊明追求的既不是繁琐的章句之学,也不是好辩的玄谈之风,他自称"每有会意,便欣然忘食"。"会意"便是心领神会,到此便止,不再深究。这种读书方式给陶渊明带来极大的愉悦,以至于忘记了吃饭。这种愉悦的心境与渊明欣赏美景时所悟得的"此中有真意,欲辨已忘言"(《饮酒二十首》之五)非常相似。何谓"酒德"?实指醉酒后达到的一种陶然心境。陶渊明自称"挥兹一觞,陶然自乐"(《时运》),"何以称我情,浊酒聊自陶"(《己酉岁九月九日》)。每当进入陶然醉态以后,陶渊明便在幻觉中暂时摆脱了并不美好的现实世界,从而忘却了一切烦恼与忧愁。陶渊明曾写了二十首《饮酒》诗,其七中说"泛此忘忧物,远我遗世情"。他还在《连雨独饮》中说:"试酌百情远,重觞忽忘天。"各种情感都远离开去,忧愁当然不再存在了。正因为只有在醉乡中才能达到陶然的境界,所以陶渊明才那么喜欢饮酒,以至于酒酣耳热之际,连本不想见的地方长官王弘也不再拒绝了。请看《读山海经十三首》之一,这是陶渊明耕读生活的实录:

> 孟夏草木长,绕屋树扶疏。众鸟欣有托,吾亦爱吾庐。既耕亦已种,时还读我书。穷巷隔深辙,颇回故人车。欢然酌春酒,摘我园中蔬。微

> 雨从东来,好风与之俱。泛览周王传,流观山海图。俯仰终宇宙,不乐复何如。

此诗内容极为简单:平淡无奇的乡村景物,平淡无奇的日常起居,如此而已。然而它意味深永,百读不厌,其奥秘在于诗中浸透着陶渊明对平凡生活的满腔深情。在陶渊明看来,风调雨顺的时令,欣欣向荣的草木,以及树上的鸟鸣,园中的菜蔬,杯中的薄酒,案头的闲书,无不使他感到由衷的愉悦。诗人在美好的自然环境中自由自在地生存,他平和安详,心满意足。简陋的穷巷隔绝了尘世的喧嚣,悠闲的心境摆脱了名利的纠缠,生活恢复了朴素纯洁的本来面目,从而充满着美感和诗意。陶渊明并不需要像一千五百年后的西方哲学家海德格尔那样经过繁复的概念辨析和哲理运思来领悟"诗意栖居",他的简朴生活已经达到超越的境界,他用实践修复了人类生活未被异化之前的原生状态。一句话,陶渊明的人生就是诗意人生。

东篱赏菊图

明·唐寅

上海博物馆藏

四 桃花源的理想境界

人生的理想境界是什么？答案当然是五花八门。但是多数人的最终理想无疑是回归精神家园,是寻觅人生的归宿。陶渊明也不例外。他幼怀大志,颇欲有所作为,后来壮志难酬,也不愿空度岁月。岁月不居、人生易老的悲壮情怀竟使他终夜难眠:"白日沦西阿,素月出东岭。遥遥万里辉,荡荡空中景。风来入房户,夜中枕席冷。气变悟时易,不眠知夕永。欲言无予和,挥杯劝孤影。日月掷人去,有志不获骋。念此怀悲悽,终晓不能静。"(《杂诗十二首》之二)老境渐至,陶渊明更加珍惜每一寸时光:"气力渐衰损,转觉日不如。壑舟无须臾,引我不得住。前途当几许,未知止泊处。古人惜寸阴,念此使人惧。"(《杂诗十二首》之五)对于陶渊明来说,春种秋获的躬耕生活虽然年年如此,仍然值得珍爱,因为那不是无意义的简单重复,而是丰富充实且诗意盎然的生命流程。珍爱生命的人一定会关心死亡问题,因为那是人生的必然终点。陶渊明也经常说到死亡:"人生似幻化,终当归空无。"(《归园田居五首》之四)"运生会归尽,终古谓之然。"(《连雨独饮》)他还预感到自己的死亡:"常恐大化尽,气力不及衰。"(《还旧居》)然而陶渊明并不畏惧死亡,他认为死亡是非常自然的事情,是人生过程的一个环节,人们应该顺从这个过程:"甚念伤吾生,正宜委运去。纵浪大化中,不喜亦不惧。应尽便须尽,无复独多虑。"(《形影神·神释》)后四句意谓放浪于自然变化之中,对于死亡既不喜悦,也不害怕,寿终便应死去,无需独自忧虑。陶渊明还把死亡视同归家:"陶子将辞逆旅之馆,永归于本宅。"(《自祭文》)辞别旅馆回归本宅,这有什么可怕呢?又何必为之忧虑呢?

正因如此,陶渊明认为人生的当务之急不是考虑死亡,而是关注生前。其《拟挽歌辞三首》之一云:"千秋万岁后,谁知荣与辱。但恨在世时,饮酒不得足!"其二又云:"在昔无酒饮,今但湛空觞。春醪生浮蚁,何时更能尝?"虽是诙谐之语,但诗人重视生前的意思非常明显。表达得更清楚的是《归去来兮辞》的结尾:

已矣乎!寓形宇内复几时,曷不委心任去留。胡为乎遑遑欲何之?富贵非吾愿,帝乡不可期。怀良辰以孤往,或植杖而耘耔。登东皋以舒啸,临清流而赋诗。聊乘化以归尽,乐夫天命复奚疑!

死亡是迟早会来临的,根本不必有所疑虑。到时候随着造化归于穷尽便可,眼前重要的事则是好好享受人生。长生不老的神仙之乡本属虚无缥缈,又怎能寄予期望?信奉宗教的人们认为灵魂不灭,人生的归宿则在于死后才会前往的彼岸或天国,所以他们的"终极关怀"往往在弥留之际才提上议事日程。而在陶渊明看来,人死神灭,死后的归宿无非是归于空无,既无意义,也无需关心。孔子说:"未知生,焉知死?"(《论语·先进》)陶渊明也是如此,他的"终极关怀"并不指向死后的虚幻彼岸,他心目中的精神家园就在现实人生。

那么,在现实人生中,到哪里去寻找我们的精神家园呢?到杳无人迹的深山老林去与鸟兽为伍吗?人类毕竟是群居的动物,正如孔子所说:"鸟兽不可与同群。吾非斯人之徒与而谁与?"(《论语·微子》)置身于紫陌红尘的现实世界吗?到处都是熙来攘往的人群,哪里还有一块净土来安顿我们的灵魂?请看陶渊明在《饮酒二十首》之五中披露的独得之秘:

> 结庐在人境,而无车马喧。问君何能尔?心远地自偏。采菊东篱下,悠然见南山。山气日夕佳,飞鸟相与还。此中有真意,欲辨已忘言。

结庐人境而没有车马喧嚣,陶渊明的良策便是"心远"。"心远"是对浊世的疏离,是对名利的漠视,是对物质世界的精神超越。正像古井之水难起波澜一样,陶渊明既然达到了"心远"的境界,荣华富贵便像天上的浮云,喧浊市声便像远处的轻风。难怪他在庐山脚下的小村庄里过得如此从容、潇洒!他悠然自得地采菊东篱,又悠然自得地闲看南山,只觉得那暮岚氤氲、飞鸟归林的景物中包蕴着自然的真谛,想要辨析却已忘却了表达的语言。这便是陶渊明为自己构建的一座精神家园!

后人对这首《饮酒》诗好评如潮,清人陈祚明的说法最为中肯:"心远地即偏,公固不蹈东海。采菊见山,此有真境,非言可宣,即所为桃源者是耶?"(《采菽堂古诗选》卷一三)意思是陶渊明与污浊的俗世本是格格不入的,但他用"心远地自偏"的方法实现了精神上的远离,也就不必像鲁仲连那样因义不帝秦而蹈于东海了。陈氏还认为陶渊明所处的"真境",也就是他笔下的桃花源。请看《桃花源记》中的情景:

> 土地平旷,屋舍俨然,有良田、美池、桑竹之属。阡陌交通,鸡犬相闻。其中往来种作,男女衣著,悉如外人。黄发垂髫,并怡然自乐。……

> 自云先世避秦时乱,率妻子邑人来此绝境,不复出焉,遂与外人间隔。问今是何世,乃不知有汉,无论魏晋。

这真是一个理想的人间天堂,那里环境优美,民风淳朴,既没有压迫和剥削,也没有争夺和欺诈,人们安居乐业,无忧无虑。正像《桃花源诗》所补充描述的:"桑竹垂余荫,菽稷随时艺。春蚕收长丝,秋熟靡王税。荒路暧交通,鸡犬互鸣吠。俎豆犹古法,衣裳无新制。童孺纵行歌,斑白欢游诣。""桃花源"既反映了人民的美好愿望,也表达了陶渊

桃源问津图（局部）
明·文徵明
辽宁省博物馆藏

明的人生理想。那个"欣然规往"的高士刘子骥，其实正是陶渊明自身的影子。《桃花源诗》的最后两句"愿言蹑轻风，高举寻吾契"，就是诗人理想的直接宣示。

说到桃花源，许多人会联想到美国人亨利·梭罗笔下的瓦尔登湖。桃花源与瓦尔登湖都是通过文学作品而名扬天下的地名，也常常被人相提并论。从表面上看，桃花源与瓦尔登湖在地理位置上距离遥远：前者在中国，后者却在美国的马萨诸塞州，位于小城康科德的地界内，两者刚好相隔半个地球。它们得名的时间则相去千年：陶渊明的《桃花源记》大约作于南朝宋永初三年（422），而梭罗的《瓦尔登湖》却成书于1850年前后,前后相隔一千四百多年。这样说来,桃花源与瓦尔登湖本是风马牛不相及的两个地名,为何经常使人们产生联想呢？原因在于:虽然陶渊明生活在农耕时代的中国,梭罗生活在工业化时代的美国,两人一古一今,一东一西,他们的生活态度却有惊人的相似之处。陶渊明厌弃污浊的红尘,弃官归隐,躬耕度生。梭罗则从哈佛大学毕业之后做过许多工作——教书、写作、帮助父亲制造铅笔,然后在二十九岁那年跑到瓦尔登湖边上,自己动手盖了一座小屋,并在那儿隐居了两年多。陶渊明亲身参加农业劳动,他认为人们应该自食其力,为了衣食而参加劳动是人生的正道。梭罗则在《瓦尔登湖》的开篇就宣称:"我是在孤独地生活着,在森林中,在马萨诸塞州的康科德城,瓦尔登湖的湖岸上,在我亲手建筑的木屋里,距离任何邻居一英里,只靠着我双手劳动,养活我自己。"陶渊明的草庐处于树木环抱之中,梭罗的居处更是草莱未辟的森林:"我的房子是在一个小山的山腰,恰恰在一个较大的森林的边缘,在一个苍松和山核桃的小林子的中央。"[1]梭罗的生活态度与陶渊明惊人地相似,两人

---

[1] (美)亨利·梭罗著,徐迟译《瓦尔登湖》,吉林人民出版社1997年版,第1页,第107页。

的隐居生活都是一种独特的人生选择。陶渊明年轻时曾盼望着做一番事业,他看透官场黑暗后才义无反顾地辞官归隐。梭罗也一样,他怀有强烈的正义感,坚决反对蓄奴制度。梭罗在瓦尔登湖畔度过的两年又两个月的隐居生活,固然含有修身养性的意图,但也是对喧嚣城市生活的拒绝,对庸俗社会的疏离,以及对物质文明的挑战。朱熹评陶渊明的名言"隐者多是带气负性之人为之",对梭罗也同样适用。梭罗的生活态度竟与陶渊明如此相似,这真是"东海西海,心理攸同"的生动例证。梭罗对遥远的中华文明并非一无所知,《瓦尔登湖》中便曾数次引用《论语》和《孟子》。但是陶渊明要迟至二十世纪初才被介绍到欧美,所以梭罗根本不知道古代中国曾有这位隐逸诗人的存在。否则的话,《瓦尔登湖》中多半会对陶渊明一致倾慕之诚。

梭罗的《瓦尔登湖》被西方人誉为引导当代人抵抗物质引诱、回归自然朴素生活的圣典,也受到中国读者的热烈欢迎。半个多世纪以来,《瓦尔登湖》的中文译本一版再版,梭罗也成为许多当代中国诗人崇拜的对象。有些诗人甚至只知崇拜梭罗而对陶渊明置若罔闻[1],简直是数典忘

---

[1] 参看鲁枢元《陶渊明的幽灵》,上海文艺出版社2012年版,第124—125页。

桃花渔艇图（局部）
清·王翚
台北故宫博物院藏

祖。其实瓦尔登湖与桃花源具有共同的本质,那便是远离人寰,隔绝红尘,它们不属于社会而属于自然,它们是厌倦了喧嚣和纷争的人们的精神避难所。然而它们也有根本的不同,那便是一实一虚。瓦尔登湖是真实的地点,在交通便利的今天,人们要去寻访并非难事。桃花源却是陶渊明虚构出来的一个虚无缥缈的幻境,它只存在于《桃花源记》这篇文学作品中。《桃花源记》中虽然言之凿凿:"晋太元中,武陵人捕鱼为业。缘溪行,忘路之远近。忽逢桃花林……"还说高士刘子骥闻之而"欣然规往",仿佛确有其事,其实只是故弄狡狯的文学手法而已。武陵是晋代的郡名,辖区相当于今湖南省常德市。现在的常德境内真有一个桃源县,但那是北宋乾德元年(963)才从武陵县内析出的,其地名便来源于《桃花源记》,这是后人化虚为实的结果。有些学者不厌烦琐地考证真实的桃花源究竟在何处,那是被陶渊明的障眼法瞒过了。所以桃花源是无法到达的虚幻世界,唐人王维就已叹息"不辨仙源何处寻"(《桃源行》),何况今人!瓦尔登湖实而桃花源虚,前者可以亲临而后者只能想象,这也许是梭罗更受今人关注,而陶渊明却无人问津的主要原因。然而在事实上,陶渊明的桃花源要比梭罗的瓦尔登湖更有意义。因为梭罗是在空间距离的意义上追求远离红尘,他独自跑到瓦尔登湖边去隐居，便是看中了那里寂寥无人，《瓦尔登湖》中的一章就题为《寂寞》。陶渊明却是在心理距离的意义上做同样的追求，用他自己的话来说，就是追求"心远"。在陶渊明看来，要想远离喧嚣的红尘世俗，不必躲进深山老林，只要保持清静、安宁的心态就可以了。或者说，只要在心灵深处虚构一个世外桃源就行了。所以两人追求的目标虽然相同，但梭罗的行为是我们无法仿效的。地球已变得如此拥挤，我们能到哪里去寻找一个瓦尔登湖呢？即使是那个真实的瓦尔登湖，也早已成为名闻遐迩的"州保留地"，一年四季游人不绝，梭罗小木屋的复制品之前也经常聚集着参观的人群，熙熙攘攘，哪里还有隐居之地的丝毫气息！陶渊明的行为却具有永久的典范意义，因为只要你抵拒外在的诱惑，"心远"是随时随地都能付诸实施的。哪怕你栖居在人潮汹涌的现代都市，哪怕你把家安在水泥森林中的一间公寓，你同样可以获得心灵的宁静，同样可以生活在理想的世外桃源，因为"心远地自偏"，桃花源本来就存在于我们的心中。

推荐读物：

1. 袁行霈《陶渊明集笺注》，中华书局2003年版
2. 龚斌《陶渊明传论》，华东师范大学出版社2001年版
3. 刘奕《诚与真：陶渊明考论》，上海古籍出版社2022年版

第三章

豪士李白

那些诗歌创造了超凡脱俗的神奇境界，包蕴着上天入地的探索精神，多读此类诗歌，可以鼓舞我们的人生意志，提升我们的人生境界；可以使我们在日常行为中意气风发而抛弃委靡不振，在人生境界上追求崇高雄伟而唾弃卑微庸俗，在思想意识上追求自由解放而拒绝作茧自缚，这是李白留给我们的巨大精神财富。

太白醉酒图
清·苏六朋
上海博物馆藏

天生我材必有用!

一 诗国天空中的耀眼彗星

李白其人,是中国古典诗歌史上的一个谜。他像一颗彗星突然划过诗国的长空,光彩夺目,不可逼视。他像一个从天而降的谪仙人,萍踪飘忽,踪迹难寻。李白写诗多为情绪化的宣泄,想落天外,似真似幻,迷离恍惚。所以李白的生平留下了许多疑问,比如说,李白的身世如何?他的出生地是哪里?他的婚姻情况如何?他一生进过几次长安?他何时将一双儿女安置在东鲁?他流放夜郎是半途遇赦吗?凡此等等,几乎每个问题都使学者聚讼纷纭,莫衷一是。[1]本书只能把学界认同程度较高的说法介绍给读者。

综合各种史料和历代学者的考证,李白的身世大概如下:其先世在隋末因罪流放到中亚的条支都督府,武后长安元年(701),李白出生在碎叶城。那个地方当时属于大

[1] 详见郁贤皓《近百年来李白生平研究述评》,《李白与唐代文史考论》,南京师范大学出版社2008年版,第675—688页。

唐帝国的安西都护府管辖,是个多民族杂居的地方,现在名叫托克马克,在吉尔吉斯斯坦境内。李白五岁那年,其父带着全家返回内地,在绵州昌隆县(今四川江油)居住。李白的父亲不知叫什么名字,史书上称他为"李客",就是姓李的客人,可见李家是流寓之人,蜀中并不是李白真正的故乡。但是李白五岁就到了江油,二十四岁才离开,江油被称为"李白故里",还是当之无愧的。

显然,李白的家庭既不是官宦世族,也不是耕读之家。有人认为他父亲是个富商,从李白青年时富有钱财来看,不失为合理的推测。正因如此,李白没有像杜甫那样接受严格的儒家思想的教育,他自称其学习过程是"五岁诵六甲,十岁观百家"(《赠张相镐》),六甲就是古人计数所用的六十甲子之类的知识,百家是诸子百家的各类杂书。李白当然也熟读儒家经典,但是他涉猎的范围相当广泛,其知识结构和思想渊源比较复杂。他不但相信道教,还受到西域胡族文化的影响。李白在蜀中生活了二十来年,除了读书学习之外,也广交朋友,并游览蜀中山川。峨眉山、青城山等蜀中名山,都留下了李白的游踪,也留下了李白的诗篇。蜀中乃多民族杂居之地,民风勇武,李白也沾染了南蛮文化及豪侠习气。二十四岁那年,李白仗剑出蜀,经三峡而东下,从此离开蜀地,再也没有回去过。

第三章 豪士李白

　　李白出蜀以后,就在吴楚等地漫游:"南穷苍梧,东涉溟海。"(《上安州裴长史书》)李白的漫游,一方面游览名山大川和通都大邑,另一方面则广事交游,结交名流。他生活豪纵,挥金如土,尤喜接济落魄的士人,也主动结识地方长官。大约三年以后,李白来到安陆,隐于寿山。安陆是古代云梦泽的所在地,李白早从乡人司马相如的《子虚赋》中闻知其名,遂来寻访。不久,李白入赘当地的豪门许家,其妻是高宗朝宰相许圉师的孙女。婚后的李白仍然四处漫游,但基本定居于安陆,自称"酒隐安陆,蹉跎十年"(《秋于敬亭送从侄耑游庐山序》)。开元十八年(730)前后,李白前往长安,一住三年。他曾在终南山隐居,并前往玄宗之妹玉真公主的别馆访问。他也曾在长安结识名士贺知章、崔宗之,以及一些达官贵人。但是李白的长安之行并没有引起朝廷的注意,于是又往四方漫游。其间他曾一度在嵩山隐居,与道士元丹丘结为好友。

　　开元末年,许氏夫人去世,留下一对儿女:女名平阳,子名伯禽。李白原是以赘婿的身份在许家生活,丧妻之后,不宜再居许家,于是携带儿女移家东鲁。由于儿女幼小,李白又常年飘荡在外,为了有人照料孩子,他曾与一位姓刘的女子以及一位不知姓氏的女子先后同居,生活颇为潦倒。到了天宝元年(742),由于玉真公主等人的荐举,玄宗

宋牡丹图
元·钱选
台北故宫博物院藏

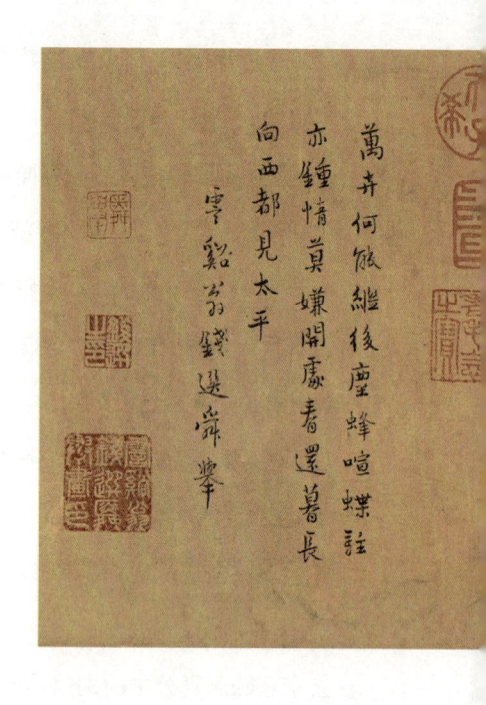

终于下诏征李白入京。诏书送抵南陵（今山东曲阜城南），李白扬眉吐气，放声大笑："游说万乘苦不早，著鞭跨马涉远道。会稽愚妇轻买臣，余亦辞家西入秦。仰天大笑出门去，我辈岂是蓬蒿人！"（《南陵别儿童入京》）

李白终于如愿入朝了！他终于有机会实现自己"奋其智能，愿为辅弼，使寰区大定，海县清一"（《代寿山答孟少府移文书》）的宏伟理想了！然而事与愿违。李白入京

之初，确实受到唐玄宗极为隆重的接待，一时声名显赫，荣耀无比。然而玄宗诏李白入朝，不过是想借其诗才来点缀升平，他并不想在政治上对李白委以重任。李白入朝后担任翰林供奉，只是一个文学侍从之臣，除了偶尔起草国书之外，他的任务就是替玄宗写诗。有一次，宫中演奏音乐。玄宗为了记其盛况夸耀后世，立命召李白前来，当场以《宫中行乐词》为题作五言律诗十首。还有一次，宫中牡丹盛

开,玄宗和杨贵妃一起赏花,命李龟年率梨园子弟唱歌。刚要开唱,玄宗忽然说:"赏名花,对妃子,焉用旧乐辞焉!"(乐史《李翰林别集序》)于是立命召李白前来写新歌词,李白酒醉刚醒,就挥翰写了传诵一时的《清平调》三首。假如换了一个贪图富贵的平庸诗人,能得到皇帝如此的恩宠,能成为皇帝赏识的御用诗人,肯定会心满意足,以为三生有幸。然而李白却深深地失望了。他的理想是登辅弼之位,行治国平天下之事,岂是当一个御用诗人而已!所以时隔不久,李白就从奉诏入朝之初的兴奋得意中清醒过来了。他开始冷眼观察盛世外表下的种种黑暗现状,他开始以沉湎酒乡来掩盖内心的失望和牢骚。杜甫在《饮中八仙歌》中描写李白在长安的醉态说:"李白斗酒诗百篇,长安市上酒家眠。天子呼来不上船,自称臣是酒中仙。"如此狂傲不驯,分明是满腹牢骚的外露。李阳冰说李白在长安"浪迹纵酒,以自昏秽",又说"朝列赋谪仙之歌凡数百首,多言公之不得意"(《草堂集序》),连朝中众官都明白李白的"不得意",何况李白本人?

盖世高才容易受到众人的嫉妒,目中无人的狂傲举止更会受到小人的忌恨,李白很快就成为朝中权贵的眼中钉。翰林学士张垍妒忌李白的过人才华,宦官首领高力士记恨李白让他脱靴的耻辱,纷纷向玄宗进谗言。李白的好友任华在《杂言寄李白》中说:"权臣妒盛名,群犬多吠声。"可见当时谗毁李白的小人,也不知有多少。李白再也无法在朝廷里待下去了,天宝三载(744)春天,李白上书玄宗,请求还山。玄宗对李白的狂傲也不耐烦了,就赐给李白一些钱财,准其归山。李白怀着失意和牢骚离开长安,他的政治理想破灭了。他说:"白璧竟何辜,青蝇遂成冤。"(《书情赠蔡舍人雄》)对于李白的政治生涯来说,长安三年当然是一个悲剧。但是对于诗坛和诗史而言,李白被放还山真是一件天大的好事。李白离开了朝廷,重新回到民间,从此他不需要浪费其绝代才华来写《清平调》之类的无聊颂诗了,他转而歌咏壮阔的人生和壮丽的河山。从此李白不需要再与虚情假意的权贵们作无聊的应酬了,他转而结交杜甫、高适等诗人,并与桃花潭边的村民汪伦、五松山下的农妇荀媪无拘无束地交往。一句话,李白离开了狭小的宫廷,回到了广阔的人间。那才是李白施展绝代才华的天地!

离开长安以后,李白又恢复了四处漫游的自由生活。天宝三载初夏,李白在洛阳遇见杜甫。李白比杜甫年长十一岁,但两人一见如故,结为忘年之交。他们结伴同游,北渡黄河,往王屋山寻访道士华盖君。是年秋天,二人与高适同游汴州(今河南开封),在街头的酒垆里痛饮,又同登吹台,眺远怀古。次年秋,李、杜在鲁郡(今山东兖州)重逢,杜甫作《赠李白》:"秋来相顾尚飘蓬,未就丹砂愧葛洪。痛饮狂歌空度日,飞扬跋扈为谁雄!"当时杜甫尚处于裘马清狂的青年阶段,他与李白都是意气风发的豪士。李、杜像暂时相聚的浮萍一样,不久就各自东西了。分别之后,李白寄诗给杜甫说:"思君若汶水,浩荡寄南征。"(《沙丘城下寄杜甫》)此后两人再也无缘相会,但他们的友谊终生不渝,成为诗歌史上的一段佳话。

李白在各地游历多时,又回到汴州,入赘宗家,其妻是武周朝宰相宗楚客的孙女。婚后李白与宗氏夫人的感情很好,但毕竟是入赘贵门,诸多不便,所以他仍然经常出游,他的一双儿女也仍然寄养在东鲁。天宝十四载(755)十一月,安史之乱爆发。叛军势如破竹,很快打到洛阳一带。此时李白正好在汴州,就携带宗氏仓皇逃难。他先是西奔入秦,次年春天又转向东南,逃往江南。李白诗中展现了兵荒马乱的景象:"洛阳三月飞胡沙,洛阳城中人怨嗟。天津流水波赤血,白骨相撑如乱麻。我亦东奔向吴国,浮云四塞道路赊。"(《扶风豪士歌》)逃到江南以后,李白又流寓多地,最后来到庐山,暂隐于屏风叠。至德元载(756)年底,永王李璘率舟师顺江东下,路过庐山时派人上山礼聘李白。李白正为报国无路而忧虑,就视此为建功立业的好机会,即刻下山,兴高采烈地登舟而去。没想到李璘虽是奉玄宗之命率军平叛的,但此时其兄肃宗早已登基,且下令李璘归觐于蜀。李璘拒不从命,肃宗便调动军队围歼之。李璘的军队刚走到丹阳(今江苏镇江)一带,遇到朝廷所遣军队的阻击,军无斗志,一触即溃。天真的李白本图建立奇功,没想到反而落了个附逆的罪名,他匆匆逃到彭泽,随即自首,被拘于寻阳狱中。虽然得到崔涣、宋若思等大员的援救,李白仍受到长流夜郎(今贵州正安)的严重处罚。乾元元年(758)春天,李白在寻阳辞别匆匆赶来的宗氏夫人,启程前往夜郎。乾元二年(759)三月,李白刚走过三峡,适遇朝廷大赦,他即刻顺流东下,作诗说:"朝辞白帝彩云间,千里江陵一日还。两岸猿声啼不住,轻舟已过万重山!"(《早发白帝城》)

回到江南以后,李白暂居宣州(今安徽宣城)。他虽然屡经挫折,但壮志未灭。上元二年(761),听说大将李光弼出镇临淮,李白还想前往从军,行至半途因病折回。其后李白贫病交加,乃往当涂投靠正任当涂令的族叔李阳冰。临终前,李白将所存手稿托付给李阳冰,请他编集。宝应元年(762)十一月,李白卒于当涂。一颗光芒照人的彗星从长空中永远消逝了。正如杜甫所云:"千秋万岁名,寂寞身后事!"(《梦李白二首》之二)李白身后颇为凄凉,因

长江万里图（局部） 南宋·赵黻 故宫博物院藏

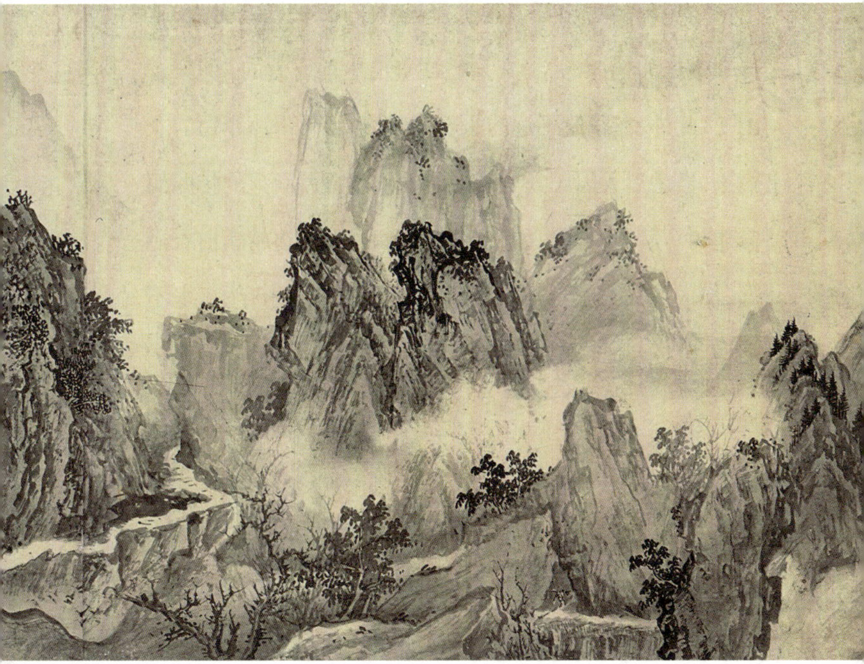

家贫,只得暂葬龙山东麓。直到四十五年以后,李白故人范伦之子范传正出任当地长官,访得李白的两个孙女,才得知李白的遗愿,并将其墓迁往李白生前喜爱的"谢家青山"。此外,在距此不远的采石矶畔,也留下一座李白的衣冠冢,当是后人因民间有李白醉后入江捉月而死的传闻而修建的。从此,青山之麓的李白墓和采石江边的李白衣冠冢,都成为后人凭吊李白的历史遗址。青山永存,江水不竭,李白将与他热爱的壮丽山川一样永世长存。

二 意气风发的进取精神

李白其人,自许极高。在政治上,他以辅弼之才自居,动辄自比张良、诸葛亮、谢安。在文化上,他以斯文宗主自居,时时自比孔子。即使他想隐居了,也自诩是"巢由以来,一人而已"(《代寿山答孟少府移文书》)。在李白看来,建功立业像探囊取物一般容易,名垂青史也是他必然的宿命。所以他终生保持着旺盛的进取精神,从未因遭受挫折而消退雄心。从青年时代的仗剑出蜀,到迟暮之年的投军自效,李白始终是意气风发的雄豪之士,叹老嗟卑的习气是与李白绝缘的。

李白最大的人生理想是什么?他自己说得很清楚:"奋其智能,愿为辅弼,使寰区大定,海县清一。"这与杜甫的"致君尧舜上,再使风俗淳"基本一致,正是封建时代的读书人共同的人生理想,就是安邦定国,治国平天下。在唐代,读书人要想进入仕途,最通常的道路便是参加科举。但是李白自负才华,不愿意走循规蹈矩的科举之路。他希望很快实现其政治理想,用范传正的话说,便是"常欲一鸣

庐山高图
明·沈周
台北故宫博物院藏

惊人，一飞冲天。其渐陆迁乔，皆不能也"(《唐左拾遗翰林学士李公新墓碑》)。不应科举而想入仕，李白采取了两种方法，一是干谒求名，二是隐居求名。早在蜀中的时候，李白就曾求见苏颋。苏颋是朝中名宦，当时正任益州长史。李白自述求见苏颋的过程是"于路中投刺"，也就是在路上向苏颋递上名片，显然这是主动上前以事干谒。苏颋对李白大为赞赏，说他"天才英丽，下笔不休"。李白非常高兴，后来把苏颋的话写进《与安州裴长史书》中，还说"四海明识，具知此谈"，这就清楚地说明了李白干谒名人贵人的目的，就是显扬自己的名声。李白三十四岁那年，在襄阳晋谒荆州长史韩朝宗，写了著名的《与韩荆州书》。开头便说："白闻天下谈士相聚而言曰：'生不用封万户侯，但愿一识韩荆州。'何令人之景慕，一至于此耶！"由此在汉语中增添了"识荆"这个词汇，成为后人初见他人的专用词语。《与韩荆州书》中还自称"遍干诸侯""历抵卿相"，可见李白并不讳言自己曾广事干谒，在他看来，这是实现理想的一条途径，是一种光明正大的行为。

李白采取的另一种方法是隐居求名。李白在蜀中就开始了隐逸生活，曾与一个叫"东岩子"的人一起隐居于岷山之阳，当时的广汉太守还曾慕名前往求见。出蜀以后，李白更是有意识地隐居求名。他在《代寿山答孟少府移文书》中自称"逸人",仿佛以隐士自居。但就在同一封书信中,他又声称要"奋其智能,愿为辅弼"。在他看来,隐居与做官不但并无矛盾,而且前者正是后者的必要准备。于是李白曾与元丹丘一起隐居在嵩山,又曾与韩准、孔巢父等六人隐居在山东的徂徕山,号称"竹溪六逸"。但是他从未真正甘心在山林里清心寡欲地当一辈子隐士,他只是希望像东晋的谢安那样暂隐东山,一旦朝廷有事,就出山入朝,建功立业。李白在诗歌中反复咏及谢安,决非偶然。"谢公终一起,相与济苍生。"(《送裴十八图南归嵩山》)隐居得名,然后出山,就是李白理想中的隐居模式。像李白那样一心想着要使寰区大定、海县清一的人,像李白那样热血沸腾、生命力格外旺盛的人,怎么可能做一个终老林泉、忘怀世事的隐士呢?

李白为自己设计的人生道路在当时有可能付诸实施吗?回答是肯定的。无论在政治上还是文化上,唐代都是一个相当多元化的时代。科举制度虽已确立,但朝廷用人不拘一格。唐太宗贞观年间,一介布衣马周代中郎将常何上条奏事,深得太宗赏识,立即召见,从此步入仕途,次年就任监察御史,后来官至中书令。天宝末年,布衣张镐因杨国忠推荐,释褐拜左拾遗,后来官至宰相。而李白投书求谒的韩朝宗也曾推荐崔宗之、严协律等人,他们都顺利地进入了仕途。所以李白广事干谒,决非徒劳之举。至于隐居求名,也是当时进入仕途的一条捷径。"终南捷径"这个成语的产生时间,就在李白出生前后。当时有名卢藏用者,初举进士,不调,就隐居终南山。他表面上隐居在山中,眼睛却始终盯着朝廷的动静,人称"随驾隐士"。不久卢藏用应诏入朝,从此在官场里度过一生。卢藏用曾对道士司马承祯说终南山中"大有佳处",司马讽刺他说:"以仆所观,乃仕宦捷径耳。"(刘肃《大唐新语》卷十)"终南捷径"这个成语,后人用来讽刺心怀魏阙的假隐士。但在当时,它并没有多大的讽刺意义。其实讽刺卢藏用的司马承祯本人也是个出入朝廷的显赫道士,李白刚出蜀时就在江陵见过司马承祯,司马还赞扬他有"仙风道骨"(《大鹏赋序》),说不定李白曾从司马那里听说过"终南捷径"的故事从而得到启发。

那么,上述两类行为会不会影响李白的清誉呢? 不会。因为李白的目标不是入仕所带来的荣华富贵,而是实现其宏伟的政治理想。正因如此,李白才会不厌其烦地广事干谒。也正因如此,李白才会不断地转移隐居的地方。李白入仕的道路如此曲折,入朝后的遭遇又如此令他失望,但他的雄心壮志并没有随而消减。即使被玄宗放还归山以后,李白仍然不倦地寻找着建立功业的机会。安史之乱爆发以后,眼看着河山破碎,人民遭殃,李白心头又燃起了从军平叛的希望之火。永王李璘起军时曾广征名士,当时萧颖士、孔巢父等人皆逃避不应,宗氏夫人也规劝李白不要应聘,但李白仍然应聘入幕,原因就是他好不容易盼来了一个立功报国的机会,岂肯轻易放过?与其说这反映出李白在政治上不够敏感,不如说体现了他有异常强烈的进取精神。李白入幕后作诗说:"卷身编蓬下,冥机四十年。宁知草间人,腰下有龙泉?浮云在一决,誓欲清幽燕。愿与四座公,静谈金匮篇。齐心戴朝恩,不惜微躯捐。所冀旄头灭,功成追鲁连!"(《在水军宴赠幕府诸侍御》)他是多么希望亲赴平叛前线,建立像鲁仲连那样的不朽功绩啊!

李白的进取精神还体现在敢于直面黑暗的现实,非但不逃避,反而勇起抗争。天宝六载(747),也就是李白离开长安三年以后,大唐帝国的政治生活中发生了严重的事件,口蜜腹剑的奸相李林甫为了维持其权位,一方面诱导唐玄宗沉溺享乐,另一方面不择手段地排斥贤良。当时的北海太守李邕和刑部尚书裴敦复,都是有正义感的官员,公称士林领袖。李林甫为了打击士气,就用杀鸡儆猴的手法,对李邕和裴敦复痛下毒手。李邕和裴敦复惨遭杖毙的事件在当时的影响非常大,它摧残了整个士大夫阶层的士气,一时朝议噤若寒蝉。李白却用诗歌发出了公开的抗议:"一生傲岸苦不谐,恩疏媒劳志多乖。严陵高揖汉天子,何必长剑拄颐事玉阶。达亦不足贵,穷亦不足悲。韩信羞将绛灌比,祢衡耻逐屠沽儿。君不见李北海,英风豪气今何在?君不见裴尚书,土坟三尺蒿棘居。少年早欲五湖去,见此弥将钟鼎疏。"(《答王十二寒夜独酌有怀》)这首诗是在黑暗、压抑的时代氛围中写成的,所谓"寒夜",既是说时令的严寒,也暗指政治气候的严酷。此时李白早已被权贵们排挤出朝廷,现在又看到他敬仰的李邕和裴敦复惨遭杀害,从而对日趋黑暗的朝政彻底绝望了。他清楚地认识到像自己这样傲骨嶙峋的正直之士,与黑暗的政治现状如水火不相容,所以他决心抛弃功名富贵,去实现早就树立的隐逸理想。所谓"少年早欲五湖去,见此弥将钟鼎疏",这是李白拒绝与黑暗政治合作的公开誓言。按理说,这样的诗很容易写得低沉压抑,因为诗人心中非常苦闷。但是李白毕竟是李白,即使在这首诗中,他依然豪气如虹,激情似火。他以无比轻蔑的语气批判黑暗势力,表示决不与他们同流合污。他以无比自豪的气概宣布自己的理想,决心远离污浊的尘世,回归纯朴清静的自然。本来是退出政治的内心独白,却写成了声讨黑暗势力的檄文。本来是痛苦心情的宣泄,却变成了豪迈情怀的颂歌。全诗激情喷涌,具有排山倒海的气势,淋漓尽致地展示了一个高傲不屈、坚定不移的诗人形象。显然,这样的诗带给读者的绝不是消沉、委靡,而是激昂、奋发。因为批判社会、抨击黑暗正是进取精神的一种体现。

李白虽以政治家自居,事实上却以文学家垂名青史。在诗歌写作上,李白也体现出强烈的进取之心。在李白看来,诗歌写作不是吟风弄月的消遣,而是具有重大文化意义的人生事业。他慨叹诗歌的日渐委靡:"大雅久不作,吾衰竟谁陈?"希望由自己来担当振兴诗道的历史重任:"我志在删述,垂辉映千春。希圣如有立,绝笔于获麟。"(《古风五十九首》之一)他还说过:"梁陈以来,艳薄斯极。沈休文又尚以声律,将复古道,非我而谁与?"(见孟启《本事诗·高逸第三》)李白一生中无论境遇是顺是逆,也无论心情是佳是恶,从未中断诗文创作,终于登上古典诗歌史的巅峰地位,这正是其强烈进取精神的生动体现。李白临终前作诗自叹生平说:"大鹏飞兮振八裔,中天摧兮力不济。余风激兮万世,游扶桑兮挂左袂。后人得之传此,仲尼亡兮谁为出涕?"(《临终歌》)李白清楚地认识到,他的一生像孔子一样,虽然在政治上壮志未酬,但在文化上作出了巨大的贡献,他的进取精神将随着其不朽诗篇而垂之永远。

李白的人生道路并不一帆风顺,而是充满着坎坷和挫折,但他从不灰心丧气,从不妄自菲薄。"天生我材必有用!"(《将进酒》)李白就是怀着这样的坚定信念走完人生道路的。人生在世,难免会遇到坎坷和挫折,意志不够坚定的人往往因此而失去信念。李白则不然。李白写过三首《行路难》,其二中悲叹说:"大道如青天,我独不得出!"可见其境遇是多么不顺利。然而他的完整想法则见于其一:

> 金樽清酒斗十千,玉盘珍羞值万钱。停杯投箸不能食,拔剑四顾心茫然。欲渡黄河冰塞川,将登太行雪满山。闲来垂钓碧溪上,忽复乘舟梦日边。行路难,行路难!多歧路,今安在?长风破浪会有时,直挂云帆济沧海。

面对着美酒珍肴却无心享用,实因命途多舛之缘故。黄河冰塞,太行雪满,舟行、陆行皆无可能,诗人不由得连声惊呼"行路难"!然而他忽又转念,想到古代的吕尚、伊尹也曾落拓不偶,但一旦风云际会,随即功成名就。又想到南朝宗悫"愿乘长风破万里浪"的名言,便安慰自己,此生一定会有乘风破浪、横渡沧海的一天!由此看来,李白诗歌的意义不止于鼓励读者努力奋斗,争取建功立业,还在于即使人生道路多般不顺,也要保持人生的信念。换句话说,我们在任何境遇下都不应丧失志气和希望,在人生的任何阶段都应该保持意气风发、勇往直前的精神状态。在这个意义上,李白的诗歌是永远激励我们前进的"励志诗"。

三　平交王侯的人格尊严

李白天性狂傲,在任何权贵面前也决不低下高贵的头颅。相传他曾醉中骑驴误入华阴县的县衙,县宰喝问来者何人,李白具供状说:"曾令龙巾拭吐,御手调羹,贵妃捧砚,力士脱靴。"(《唐才子传》卷二)这四句话有实有虚,李阳冰《草堂集序》中明言玄宗初见李白,曾"以七宝床赐食,御手调羹以饭之"。即使稍有夸饰,亦离事实不远。中唐人段成式的《酉阳杂俎》则记载说:"李白名播海内,玄宗于便殿召见。神气高朗,轩轩然若霞举,上不觉亡万乘之尊,因命纳履。白遂展足与高力士,曰:'去靴!'力士失势,遽为脱之。"即使是出于当时的传闻,也是事出有因。至于"龙巾拭吐",则是"御手调羹"引起的合理联想。"贵妃捧砚"虽不大可能,但李白确曾应召当场作诗歌咏杨贵妃之美貌,杨妃站在一旁观看他挥毫落笔,也是情理中事。

上述行为生动地体现了李白不向权贵低头的狂傲性格。让高力士这个太监脱靴,今人或许以为没什么大不了,其实不然。要知道高力士不是一般的太监,他鞍前马后跟随玄宗几十年,深受宠信,在李白入朝时,高力士已实封冠军大将军、渤海郡公,权倾一时,炙手可热。当时皇宫里的王子、公主们称他为阿翁,驸马辈称他为爷,连太子李亨都称他为二兄。奸相李林甫凶险狠毒,也对高力士敬畏三分。但是李白却当着唐玄宗的面伸出脚来,让高力士把靴脱了!高力士一时被李白的气势慑服,仓皇失措,只好为李白脱了靴。这真是一件大快人心的事,难怪唐人对此反复记载,大肆渲染。直到宋代,苏轼还不胜景慕地说:"平生不识高将军,手污吾足乃敢嗔!"(《书丹元子所示李太白真》)李白为什么有胆量让高力士脱靴?原来他天性狂放,平交王侯是他的固有姿态。他在《少年行》中声称:"府县尽为门下客,王侯皆是平交人。"他还用典故斥骂那些佞幸小人说:"董龙更是何鸡狗!"(《答王十二寒夜独酌有怀》)董龙是前秦皇帝的宠臣董荣的小名,官至尚书,权倾一时,但生性正直的王堕直斥"董龙是何鸡狗"。高力士太监一个,在李白眼中不过是个奴才而已。在皇帝面前让奴才脱一次靴,又有何妨!

李白平交王侯的底气来自哪里?就来自他对权贵与富贵的无比蔑视。李白虽然在政治上勇于进取,但他与那些名利之徒有着根本的区别,就是目的不同。试以卢藏用为例。卢藏用进入仕途后,先是依附权贵太平公主,差点被唐玄宗杀掉,后来又弄权贪赃,声名狼藉。可见卢藏用走终南捷径的道路,不但手段不正,其目的也不可告人。李白则不然。李白进入仕途的目的不是富贵荣华,而是施展政治抱负。他曾再三表白这番心思,在《代寿山答孟少府移文书》中,李白表示其理想是:"事君之道成,荣亲之义毕,然后与陶朱、留侯,浮五湖,戏沧洲,不足为难矣。"可见李白出山之前就制定了功成身退、隐遁江湖的人生规划,功名富贵并不是他的终极目标。李白入翰林供奉后作诗言志说:"功成谢人间,从此一投钓。"(《翰林读书言怀呈集贤诸学士》)可见他进入朝廷后并未受到荣华富贵的蛊惑。李白对鲁仲连、张良等历史人物再三表示敬意,正是着眼于他们功成身退的表现。例如《古风五十九首》其十专咏战国义士鲁仲连:"却秦振英声,后世仰末照。意轻千金赠,顾向平原笑。"就是指鲁仲连为赵国解秦兵之围,大功告成后却拒绝平原君千金之赠的故事。李白还表示"吾亦澹荡人,拂衣可同调"。就是说他与鲁仲连是志同道合的人。李白仰慕的另一个人物就是汉代初年的张良,张良曾辅佐刘邦,创建汉朝,但功成之后不肯受赏,放弃高官厚禄而去学长生。李白还曾咏过晋朝的谢安,他在《登金陵冶城西谢安墩》中说:"功成拂衣去,归入武陵源。"其实谢安并无功成归隐之事,这不过是表明李白本人的心迹而已。

五王醉归图　元·任仁发　上海龙美术馆藏

正因如此,在世人眼中最有价值的东西,在李白看来却是一钱不值。李白既蔑视富贵,也蔑视权贵。富贵与权贵本是互为依存的一对怪胎,李白对它们投以无比轻蔑的目光。李白年青时就有挥金如土的豪爽举动:"黄金逐手快意尽,昨日破产今日贫。"(《醉后赠从甥高镇》)这当然与他家庭富裕有关,但更重要的是他视金钱如粪土的价值观。李白声称:"天生我材必有用,千金散尽还复来。"(《将进酒》)李白又不是商人,怎么可能"千金散尽还复来"?事实上李白并没有陶朱公那样的致富天赋,他不过是表示对财富的轻蔑罢了。李白又宣布:"功名富贵若长在,汉水亦应西北流。"(《江上吟》)一路奔向东南的汉水怎么可能朝

第三章 豪士李白

着西北倒流呢，所以功名富贵只是转瞬即逝的事物，根本没有久远的价值。蔑视富贵的人一定能傲视权贵，孟子把这个道理说得非常清楚："说大人则藐之，勿视其巍巍然。堂高数仞，榱题数尺，我得志，弗为也。食前方丈，侍妾数百人，我得志，弗为也。般乐饮酒，驱骋田猎，后车千乘，我得志，弗为也。在彼者，皆我所不为也。在我者，皆古之制也。吾何畏彼哉！"（《孟子·尽心下》）李白堪称孟子所倡导的大丈夫精神的身体力行者。帝王将相所以骄横可畏，无非因为他们掌握着财富和权力，李白既已视富贵荣华如粪土，又有什么必要在权贵面前卑躬屈膝？无怪他求见地方长官以求荐举只行长揖之礼："高冠佩雄剑，长揖韩

荆州。"(《忆襄阳旧游赠马少府巨》)他以隐士的身份出见地方长官也只是一揖而已:"出山揖牧伯,长啸轻衣簪。"(《送韩准裴政孔巢父还山》)也无怪他能公然宣称:"安能摧眉折腰事权贵,使我不得开心颜!"(《梦游天姥吟留别》)

李白虽然傲上,但决不倨下。由于人生经历的不同,李白没有写过像杜甫的"三吏""三别"那样关注民生疾苦的名篇。但当他在江南丹阳偶然看到纤夫冒着酷暑拖船过坝的艰辛时,也写下了"心摧泪如雨"和"掩泪悲千古"的沉痛诗句(《丁都护歌》)。安史之乱爆发后,李白也关心兵荒马乱、生灵涂炭的现实,描写过"俯视洛阳川,茫茫走胡兵。流血涂野草,豺狼尽冠缨"的惨状(《古风五十九首》之一九)。更重要的是,李白对劳苦大众抱有亲切的态度,与他们平等地相交。宣城有个善于酿酒的老翁死了,李白写诗哭他:"纪叟黄泉里,还应酿老春。夜台无晓日,沽酒与何人?"(《哭宣城善酿纪叟》)铜官冶(今安徽铜陵)五松山下一个农妇用菰米饭款待李白,李白作诗谢之:"跪进雕胡饭,月光明素盘。令人惭漂母,三谢不能餐。"(《宿五松山下荀媪家》)泾县村民汪伦与前来游览的李白结为好友,李白临走前写了千古名篇《赠汪伦》:"李白乘舟将欲行,忽闻岸上踏歌声。桃花潭水深千尺,不及汪伦送我情。"在中国古典诗歌史上,除了纪叟、荀媪和汪伦以外,还有几个平头百姓的姓名被写进过诗歌？几乎没有。这是李白的独特之处。要知道,当李白写这些诗的时候,他可是曾在金銮殿上当着皇帝、贵妃之面挥毫泼墨的大诗人啊。李白天才横溢,自视甚高,但这并不妨碍他与别人结下深厚的友谊。李白年青时与友人吴指南同游湖南,吴不幸病死于洞庭湖边,李白炎月伏尸,泣尽继血,还按照南方习俗,剔骨葬友。李白与许多同时的诗人相交甚深,他曾在襄阳见过隐居不仕的诗人孟浩然,对孟深表敬佩："吾爱孟夫子,风流天下闻。……高山安可仰,徒此揖清芬。"(《赠孟浩然》)他在黄鹤楼送别东下扬州的孟浩然,"孤帆远影碧空尽,惟见长江天际流"(《黄鹤楼送孟浩然之广陵》)的诗句包蕴着多么深挚的情意！李白在江东听到王昌龄贬谪蛮荒的消息,作诗寄之："杨花落尽子规啼,闻道龙标过五溪。我寄愁心与明月,随风直到夜郎西。"(《闻王昌龄左迁龙标遥有此寄》)他对沦为阶下囚的好友之命运深感忧虑,一颗愁心竟像明月一样随风直至远方,字里行间渗透着深情厚谊。对平民百姓和布衣之士的尊重,是李白人格尊严的另一种体现方式,因为李白本人就是一位布衣之士。

李白虽曾荣任翰林供奉,但前后不足三年,他的一生主要是以一介布衣的身份参加社会活动的。他在《与韩荆州书》中自称"陇西布衣",唐玄宗接见他时也说"卿是布衣"(见李阳冰《草堂集序》),李白离开朝廷后回忆自己待诏翰林的经历还说"布衣侍丹墀"(《赠崔司户昆季》),可见"布衣"就是李白的公开身份。然而这是一个多么狂傲的布衣!清初的遗民中有所谓"海内四大布衣"之说,李白真是历史上最著名的"大布衣"。他蔑视权贵,平交王侯,甚至宣称"揄扬九重万乘主,谑浪赤墀青琐贤"(《玉壶吟》),竟然要与皇帝、大臣平起平坐,随意谈笑。杜甫称他"天子呼来不上船,自称臣是酒中仙"(《饮中八仙歌》),看来并没有多少夸张。李白即使向人投书求荐,也不肯牺牲尊严。他写《上安州裴长史书》,历数自己的道德与才学,希望对方援之以手,但结尾却说:"何王公大人之门,不可以弹长剑乎?"韩朝宗以奖掖识拔后进有名于时,李白作《与韩荆州书》以自荐云:"而君侯何惜阶前盈尺之地,不使白扬眉吐气、激昂青云耶?"词气昂扬,何尝有半点低首下心的可怜状?即使到了暮年,李白被系于寻阳狱中,上诗向崔涣求援:"毛遂不堕井,曾参宁杀人?虚言误公子,投杼惑慈亲。白璧双明月,方知一玉真。"(《系寻阳上崔相涣》)又何尝有半点摇尾乞怜之态?李白的狂傲,其本质是一种放大的自尊,是布衣之士为维护自身人格尊严采取的自卫手段。李白在作品里宣示自身的人格尊严,具有广泛的社会意义和深远的历史意义。中国古代社会里,一向注重群体价值,而缺少对个体价值的尊重。君君臣臣的封建制度和等级观念抹杀了思考个体尊严的可能性,更不用说提倡和维护它了。平交王侯的李白堪称是维护平民人格尊严的典范。后人为什么爱读李白那些豪气干云的诗篇?李白使高力士脱靴的传说为什么会流传千古?其深层的原因是大家从心底里敬佩李白的嶙峋傲骨。我们作为现代公民,尤其应该像李白一样,不要总是以"小百姓"自居,我们应该做"大布衣"。如果你在盛气凌人的高官、富商面前有点底气不足、自惭形秽的话,就赶紧打开李白的诗集,读读《梁甫吟》:

> 君不见朝歌屠叟辞棘津,八十西来钓渭滨。宁羞白发照清水,逢时壮气思经纶。广张三千六百钓,风期暗与文王亲。大贤虎变愚不测,当年颇似寻常人。君不见高阳酒徒起草中,长揖山东隆准公。入门不拜骋雄辩,两女辍洗来趋风。东下齐城七十二,指挥楚汉如旋蓬。狂客落魄尚如此,何况壮士当群雄!

四 冲决羁绊的自由意志

李白的思想无拘无束,自由自在,绝不局限于某家某派。有人说李白反儒,其实李白是崇尚儒家的,因为他那治国平天下的理想正是儒学的核心内容。对于儒学的祖师孔子,李白十分敬佩,将他看作自己的人生楷模。他说:"君看我才能,何似鲁仲尼？大圣犹不遇,小儒安足悲？"(《书怀赠南陵常赞府》)认为自己的才能颇似孔子,并认为孔子的遭遇可以给怀才不遇的自己带来安慰。他在谈到自己的文学事业时说:"我志在删述,垂辉映千春。希圣如有立,绝笔于获麟。"(《古风五十九首》之一)也是用孔子整理儒家经典的事迹来激励自己,希望能像孔子那样以不朽著作来映照千秋。当然,即使是这样的诗句,把自己与孔子相提并论,在旁人看来就不免狂妄。但是李白还有更为大胆的表示,他说:"我本楚狂人,凤歌笑孔丘。"(《庐山谣寄卢侍御虚舟》)在孔子已被尊为文宣王的时代,这样的句子是会惊世骇俗的。所以李白对儒家的真实态度是崇尚但不迷信,他对那些但知章句之学的儒生时有嘲讽:"鲁叟谈五经,白发死章句。问以经济策,茫如坠烟雾。"(《嘲鲁儒》)他甚至认为:"儒生不及游侠人,白首垂帷复何益?"(《行行且游猎篇》)

李白对道家的崇尚不逊于儒家。由于道家睥睨万物、高蹈尘外的超越态度,以及批判礼法、摆脱传统的解放精神都非常符合李白的性格,所以李白自幼熟读老、庄之书,诗中常见隐括《庄子》之语,比如:"河伯见海若,傲然夸秋水。小物昧远图,宁知通方士?"(《答长安崔少府叔封游终南翠微寺太宗皇帝金沙泉见寄》)又如:"北溟有巨鱼,身长数千里。仰喷三山雪,横吞百川水。凭陵随海运,烜赫因风起。吾观摩天飞,九万方未已。"(《古风五十九首》之三三)更重要的是,道家重视自然,以及认为祸福相倚,故应和光同尘等思想,对李白的人生态度有深刻的影响:"有耳莫洗颍川水,有口莫食首阳蕨。含光混世贵无名,何用孤高比云月?"(《行路难三首》之三)这几乎是老庄思想的韵语复述。李白与道教也结缘很深,他年青时得见著名道士司马承祯,对后者称自己"有仙风道骨"(《大鹏赋序》)的评语甚为得意。他还曾在齐州请道士高如贵为自己亲授道箓,从此列名道籍,成为一名正式的道士。李白对道教的炼丹、服药等追求长生的手段也深信不疑,他热衷于学道求仙,甚至幻想着白日飞升:"何当脱屣谢时去,壶中

别有日月天。"(《下途归石门旧居》)"倘逢骑羊子,携手凌白日!"(《登峨眉山》)

除了儒、道之外,李白对纵横家、神仙家、佛教等思想也都有所汲取。这说明李白决不盲从任何权威,他追求自由的思想和独立的意志,所以他的思想来源极其复杂。此外,李白热切地希望立功报国,他的爱国之心与屈原一脉相承。他热爱自由,故向往神仙家遗世独立、超越时空局限的理想境界。他豪荡不羁,故认同破坏既有秩序、蔑视现世权威的游侠精神。清人龚自珍说:"庄、屈实二,不可以并。并之以为心,自白始。儒、仙、侠实三,不可以合。合之以为气,又自白始也。"(《最录李白集》)这几句话说得非常准确。可以说,在整个中国古代,像李白那样思想解放、精神自由的诗人是绝无仅有的。李白的诗歌热情洋溢,风格豪放,像滔滔黄河般倾泻奔流,正是其精神世界的自然表露。与杜甫经常歌咏凤凰不同,李白常常自比大鹏鸟:"大鹏一日同风起,扶摇直上九万里。假令风歇时下来,犹能簸却沧溟水。"(《上李邕》)大鹏鸟本是《庄子》中自由精神的象征,李白就是诗国中独来独往的大鹏鸟。

李白的生活形态非常复杂,他展现在世人面前的自我形象也具有多面性。李白是一心报国的志士,也是唾弃富贵的隐士。李白是豪情万丈的侠客,也是风流倜傥的文士。正因如此,李白一会振臂高呼:"仰天大笑出门去,我辈岂是蓬蒿人!"一会又微笑不语:"问余何事栖碧山,笑而不答心自闲。桃花流水窅然去,别有天地非人间。"(《山中问答》)李白一会豪气冲天:"十步杀一人,千里不留行。"(《侠客行》)一会又心静如水:"我醉欲眠卿且去,明朝有意抱琴来。"(《山中与幽人对酌》)李白的生活总是不安定的,他很少长期定居在某个地方。李白非常喜欢孩子,但那对年幼的儿女长期寄养在东鲁,身为父亲的他却依然四处游历。有一年他在金陵思儿心切,作诗寄之:"楼东一株桃,枝叶拂青烟。此树我所种,别来向三年。桃今与楼齐,我行尚未旋。娇女字平阳,折花倚桃边。折花不见我,泪下如流泉。小儿名伯禽,与姊亦齐肩。双行桃树下,抚背复谁怜?念此失次第,肝肠日忧煎。"(《寄东鲁二稚子》)李白与宗氏夫人伉俪情深,但结婚后也是别多聚少:"我自入秋浦,三年北信疏。红颜愁落尽,白发不能除。有客自梁苑,手携五色鱼。开鱼得锦字,归问我何如。江山虽道阻,意合不为殊。"(《秋浦寄内》)李白既无官职在身,又不事产业,他有什么必要抛妻别子,独自漂泊呢?我们只能说李白有一颗躁动不安的心灵,他无法使自己安静下来,他只能永无休止地四处漫游,上下求索。李白是永远在天地之间到处流浪的一个漂泊者。

李白的一生,几乎大半时间都在漫游之中。李白热爱祖国的大好河山和自然风物,他以敏锐的审美眼光对这些美好事物予以热情的歌颂。所以李白的漫游总是伴随着吟咏,凡是他游览过的名山大川,都成为其诗歌中的优美意象。李白不以山水诗人著称,但他的山水诗成就并不亚于王维、孟浩然。一来李白游踪广泛,他又特别钟情于壮丽奇伟的名山大川,所以李白的山水诗意境更加开阔,风格更加雄伟。二来李白胸襟阔大,情感热烈,他用满腔热情去拥抱山川风物,他的山水诗的抒情意味特别浓烈。李白笔下的自然景物几乎都染上了他个人的情感色彩,是其他诗人的山水诗所少有的。滔滔奔流的黄河,是李白最喜欢的一个自然意象。"君不见黄河之水天上来,奔流到海不复回。"(《将进酒》)"黄河西来决昆仑,咆哮万里触龙门。"(《公无渡河》)"黄河落天走东海,万里写入胸怀间。"(《赠裴十四》)这是在说黄河,还是诗人勇往直前、气吞斗牛的气概?青天上的一轮明月,也是李白格外喜爱的物象。"花间一壶酒,独酌无相亲。举杯邀明月,对影成三人。"(《月下独酌四首》之一)这轮明月像细心体贴的友人,静静地听着诗人倾诉心中的寂寞。"峨眉山月半轮秋,影入平羌江水流。夜发清溪向三峡,思君不见下渝州。"(《峨眉山月歌》)"我在巴东三峡时,西看明月忆峨眉。月出峨眉照沧海,与人万里长相随。"(《峨眉山月歌送蜀僧晏入中京》)这两首峨眉山月歌,都写得深情缅邈。明月与诗人或是万里相随,或是万里相望,她不是诗人的亲密伴侣又是什么?月亮虽然是运行不止的天体,但她移动得很慢,所以古人咏月总是说她在天上"徘徊",例如曹植的名句"明月照高楼,流光正徘徊"(《七哀诗》)。李白也写过"我歌月徘徊"(《月下独酌四首》之一)的句子,但更引人注目的是他常将月亮写成动态的意象:"明月出天山,苍茫云海间。长风几万里,吹度玉门关。"(《关山月》)"人攀明月不可得,月行却与人相随。"(《把酒问月》)这分明是李白的情感特征影响了笔下的明月意象,故使本来偏于阴柔美的月亮带上了几分阳刚的气质。

李白的山水名篇如《蜀道难》《梦游天姥吟留别》等,神思飞扬,词采壮丽,那一幅幅烟云明灭、变幻莫测的神奇山水是诗人用惊人的想象力展现出来的。与其说这是人间的真山实水,倒不如说它们是李白心中的理想境界。否则的话,为何山水诗中会用许多夸张、想象的手法,甚至穿插进许多神话场景,比如前者云:"蚕丛及鱼凫,开国何茫然。尔来四万八千岁,不与秦塞通人烟。西当太白有鸟道,可以横绝峨眉巅。地崩山摧壮士死,然后天梯石栈相钩连。"后者则云:"青冥浩荡不见底,日月照耀金银台。霓

蜀道难

元·赵孟頫
故宫博物院藏

为衣兮风为马,云之君兮纷纷而来下。虎鼓瑟兮鸾回车,仙之人兮列如麻。"似真似幻,恍惚迷离,人间何处有如此景象?这样的山水诗里倾泻着诗人的情思,展现着诗人的胸怀,奇伟雄壮的山川风景和超凡脱俗的精神气概融为一体。《蜀道难》的主题引得千古的读者议论纷纷,至今没有公认的解说。原因在于李白在这首诗里投射了太多的个人情绪,他不是客观地描写山水。否则的话,一首山水诗怎么会这样扑朔迷离?所以《蜀道难》中展现的不仅是千里蜀道的壮美山川,而且是李白悲壮历落的主观情志。"蜀道之难难于上青天,使人听此凋朱颜!""蜀道之难难于上青天,侧身西望长咨嗟!"这哪是一般的山水诗所能有的强烈情绪!《梦游天姥吟留别》的末尾说:"安能摧眉折腰事权贵,使我不得开心颜!"这又哪是一般人面对青山绿水会产生的满腹牢骚!

李白虽然遍访名山大川,仍嫌游踪不广。世上的空间既然有限,李白就腾身青云,与神仙交游。他说:"西上莲花山,迢迢见明星。素手把芙蓉,虚步蹑太清。霓裳曳广带,飘拂升天行。邀我登云台,高揖卫叔卿。恍恍与之去,驾鸿凌紫冥。"(《古风五十九首》之一九)莲花峰为华山绝顶,李白登上极顶意犹未足,便飞升上天。如此不辞辛劳地上下求索,是为了览天下之美景,还是想弃尘世而登天界？请看《庐山谣寄卢侍御虚舟》：

> 我本楚狂人，凤歌笑孔丘。手持绿玉杖，朝别黄鹤楼。五岳寻仙不辞远，一生好入名山游。庐山秀出南斗旁，屏风九叠云锦张，影落明湖青黛光。金阙前开二峰长，银河倒挂三石梁。香炉瀑布遥相望，廻崖沓嶂凌苍苍。翠影红霞映朝日，鸟飞不到吴天长。登高壮观天地间，大江茫茫去不还。黄云万里动风色，白波九道流雪山。好为庐山谣，兴因庐山发。闲窥石镜清我心，谢公行处苍苔没。早服还丹无世情，琴心三叠道初成。遥见仙人彩云里，手把芙蓉朝玉京。先期汗漫九垓上，愿接卢敖游太清。

这是一首山水诗吗？答案是"似是而非"。"楚狂人"指曾以"凤兮凤兮，何德之衰"之歌嘲讽孔子的隐士接舆，他与长沮、桀溺一样，都是"避世之士"。(《论语·微子》)可见李白漫游名山，并不是寻常的观赏风景，而是兼有逃避尘俗的意义。名山大川，都是隔断尘世喧嚣的清幽世界，都是脱离名缰利锁的自由家园，所以庄子说："山林与，皋壤与，使我欣欣然而乐与！"(《庄子·知北游》)李白好游名山,也是出于同样的原因。无怪他"登高壮观天地间"仍不满足,还把仰慕的目光对准云间仙人,还想腾身青云,漫游于九重天外。对李白来说,游山也好,求仙也好,都是摆脱尘俗纠缠的有效手段,都是对自由境界的不懈追求。虽然李白的游踪遍布神州大地的名山大川,但就其本质而言,那是一种上下求索的精神漫游。

李白的一生,潇洒倜傥,无拘无束,飘飘然有神仙之概。他在长安初识贺知章,就被称为"天上谪仙人"。李白很喜欢这个称呼:"四明有狂客,风流贺季真。长安一相见,呼我谪仙人。"(《对酒忆贺监》)李白还有两个广为人知的称号,一是诗仙,二是酒仙。杜甫说:"李白斗酒诗百篇,长安市上酒家眠。天子呼来不上船,自称臣是酒中仙。"(《饮中八仙歌》)晚唐的郑谷说:"何事文星与酒星,一时钟在李先生。"(《读李白集》)"诗仙"容易理解,李白锦心绣口,出口成章,诗风又飘逸奔放、潇洒绝俗,非仙而何?那么"酒仙"呢?必要条件当然是豪饮。李白自称"百年三万六千日,一日须倾三百杯"(《襄阳歌》),即使语带夸张,也可见酒量惊人。李白甚至幻想"此江若变作春酒,垒曲便筑糟丘台"(《襄阳歌》)。宋人王安石批评李白诗"十首九首说妇人与酒"(见《苕溪渔隐丛话》前集卷六),其实李白写女性题材的诗并不多见,写酒的当然很多。据统计,总量不足千篇的李白诗中,"酒"字有一百一十五个,写到饮酒题材的诗则有三百二十二篇,确实数量惊人。更重要的是,李白对酒一往情深。"人生得意须尽欢,莫使金樽空对月。"(《将进酒》)"舒州杓,力士铛,李白与尔同死生。"(《襄阳歌》)他竟然愿意与酒器同生共死!李白为什么嗜酒如狂呢?他曾说:"五花马,千金裘,呼儿将出换美酒,与尔同销万古愁!"(《将进酒》)如果仅仅是饮酒浇愁,那么这样的醉鬼到处可见,并无特别的价值。李白的可贵之处在于,他的饮酒是一种包含精神追求的文化活动,并且常与写诗紧密结合。正像杜甫所说,"李白斗酒诗百篇",饮酒使李白热血沸腾,心潮澎湃,处于一种亢奋、昂扬的精神状态,那正是他写诗的最佳时机。酒醉激发了李白的批判意识和反抗精神,使他增添了控诉黑暗现实的勇气,也助长了倾诉胸怀的豪情。正是在酣醉的状态下,李白伸出脚去让高力士脱靴。也正是在酣醉的状态下,李白奋笔直书,痛骂"董龙更是何鸡狗"。醉后的李白思绪激荡,想落天外,诗思如潮,妙趣横生。要不是把酒对月,李白怎会想入非非地诘问"白兔捣药秋复春,嫦娥孤栖与谁邻"(《把酒问月》)?要不是酩酊大醉,李白怎能"俱怀逸兴壮思飞,欲上青天揽明月"(《宣州谢朓楼饯别校书叔云》)?尼采说古希腊的酒神专管音乐艺术,日神才掌管诗歌。李白的例子

春夜宴桃李园图（局部）
清·吕焕成
张顺博物馆藏

说明中国古代的酒神与诗神是两位一体,不可分离的。我们为什么要读李白的饮酒诗呢?当然不是为了像他一样终日酩酊大醉,而是从中获得强烈的精神感染和深刻的思想启迪。因为那些诗歌创造了超凡脱俗的神奇境界,包蕴着上天入地的探索精神,多读此类诗歌,可以鼓舞我们的人生意志,提升我们的人生境界;可以使我们在日常行为中意气风发而消除委靡不振,在人生境界上追求崇高雄伟而唾弃卑微庸俗,在思想意识上追求自由解放而拒绝作茧自缚,这是李白留给我们的巨大精神财富。

推荐读物：

1. 王琦注《李太白全集》，中华书局1977年版
2. 周勋初《李白评传》，南京大学出版社2005年版
3. 郁贤皓选注《李白选集》，上海古籍出版社1990年版

第四章

儒士杜甫

一个普通人，过了平凡的一生，他能不能实现道德人格的完善？他能不能达到超凡入圣的人格境界？我们说可以，因为我们已经有了一个这样的典范，就是杜甫。

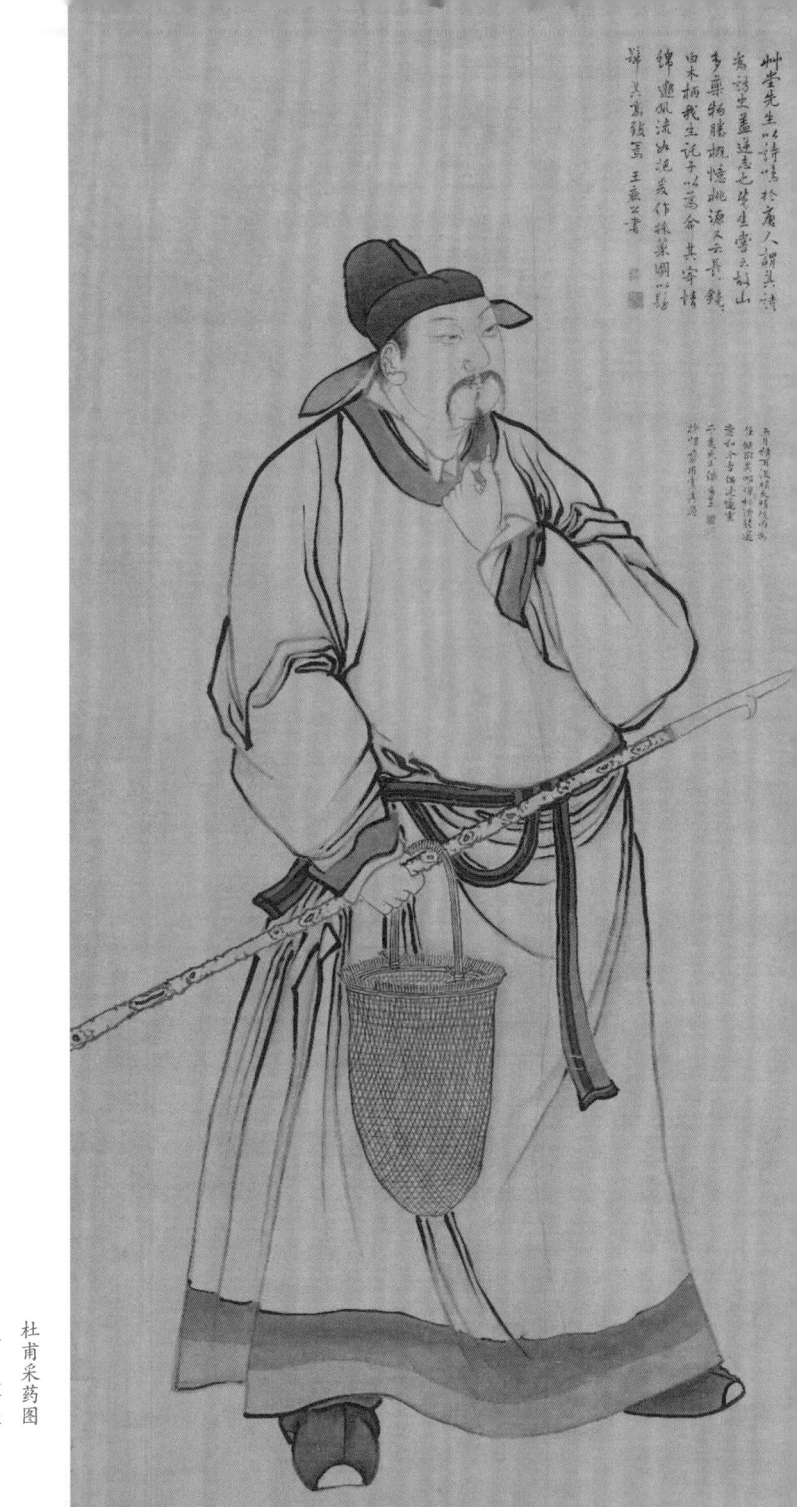

杜甫采药图
清·王树毂
中国国家博物馆藏

致君尧舜上,再使风俗淳。

一 动荡时代中的苦难人生

杜甫生于唐睿宗太极元年(712),卒于唐代宗大历五年(770)。其祖父杜审言是武则天时代的著名诗人,官至膳部员外郎、修文馆直学士。其父杜闲,曾任兖州司马、奉天令。青年时代的杜甫过着无忧无虑的生活,他读万卷书,也行万里路,曾漫游吴越,也曾放荡齐赵。虽然他二十四岁时曾应试落第,但这个挫折并未影响其情绪,他乐观潇洒,对人生充满信心。他在《望岳》诗中期盼着攀登绝顶、俯视群山的一天:

> 岱宗夫如何?齐鲁青未了。造化钟神秀,阴阳割昏晓。荡胸生曾云,决眦入归鸟。会当凌绝顶,一览众山小!

仿佛是命运的有意安排,天宝五载(746),也就是唐玄宗已经册立杨贵妃且日益昏愦荒淫,李林甫已经排斥异己而独揽朝政的时候,杜甫来到长安。也仿佛

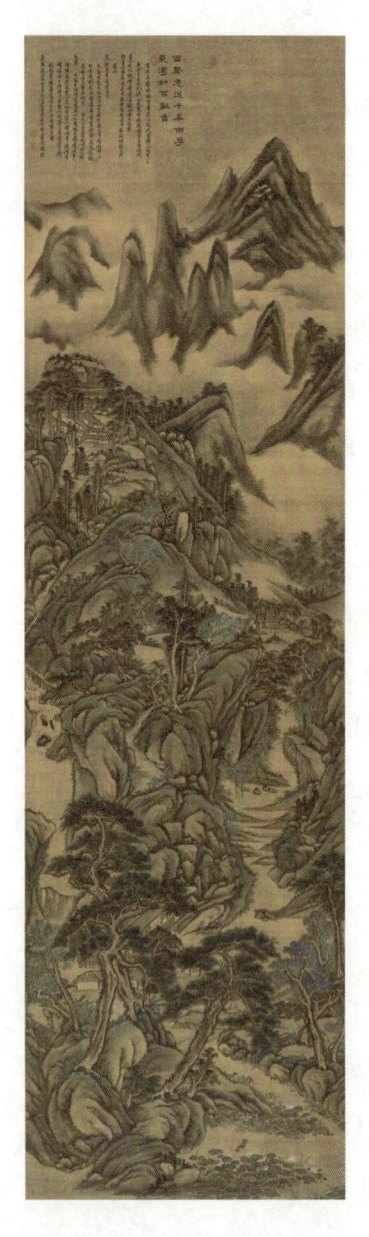

杜甫诗意图 清·王原祁 上海博物馆藏

是命运的有意安排,在那个以诗赋取士的时代,杜甫偏偏科场蹭蹬。无奈之下,杜甫多次向达官贵人献诗,又向朝廷献赋,希望得到赏识,然皆如泥牛入海,毫无消息。其父杜闲去世以后,杜甫的生活日益困顿,靠着"卖药都市,寄食友朋"(《进三大礼赋表》)勉强度日。直到天宝十四载(755)十月,才被任为河西县尉。杜甫不愿为五斗米而折腰,改任右卫率府兵曹参军,是个从八品下的小官。杜甫得官后即往奉先县探看寄养在那里的妻儿,此时渔阳鼙鼓已经动地而来了!

安史叛军不久就攻陷洛阳,逼近潼关。杜甫带着家人混杂在难民群中仓皇逃难。天宝十五载(756),杜甫把家人安顿在鄜州(今陕西富县)的羌村,便只身前往灵武(今宁夏灵武),去投奔刚在那里登基的唐肃宗。中途被叛军俘获,押往沦陷的长安。次年春,杜甫冒着生命危险逃出长安,穿过官军与叛军对峙的战场,逃归朝廷临时所在地凤翔(今陕西凤翔)。朝廷念其忠诚,授予左拾遗之职。当年年底,杜甫随朝廷返回长安。因性格忠鲠,直言进谏,杜甫触怒了肃宗,在凤翔时已被疏远,回到长安后又被贬为华州(今陕西华县)司功参军。乾元二年(759)关中大饥,杜甫乃弃官,携家逃往秦州(今甘肃天水),继又南逃至成都,从此在"成都草堂"里一住五年。成都虽然远离战火纷飞的中原，但地近边陲，边警不断，地方军阀的叛乱、割据也时有发生。宝应元年（762），杜甫因徐知道之乱而流寓绵州（今四川绵阳）、梓州（今四川三台），至广德二年（764）又往阆州（今四川阆中），然后返回成都。次年，对杜甫照顾颇周的地方军政长官严武去世，杜甫随即携家出蜀。他好不容易在成都郊外经营了一座草堂，却总共居住了不到四年，又要重新登上漂泊之途，难怪他不胜感慨地说："五载客蜀郡，一年居梓州。如何关塞阻，转作潇湘游？"（《去蜀》）

离蜀以后，杜甫先是乘舟沿岷江南下，经嘉州（今四川乐山）稍作盘桓，然后沿长江东下，经戎州（今四川宜宾）、渝州（今重庆）等地，至云安（今重庆云阳）因病留滞半年，于永泰二年（766）到达夔州（今重庆奉节）。他在夔州得到都督柏茂琳的照应，在白帝城下居住了两年。杜甫在夔州生活得较为安定，但毕竟是寄人篱下，正如南宋陆游所说："如九尺丈夫俛首小屋下，思一吐气而不可得。"（《东屯高斋记》）此时的杜甫老病交加，眼看着旧交凋零，国家的复兴则遥遥无期，心中百感交集，写了大量回忆往事的诗。

大历三年（768），杜甫离开夔州，出峡东下。抵达江陵后逗留了半年，又移居公安，岁末到达岳阳。次年，杜甫过洞庭湖,沿湘江南下,先至潭州(今湖南长沙),复往衡州(今湖南衡阳),全家一直生活在一叶扁舟之中。大历五年(770)夏,杜甫欲往郴州投靠亲戚,舟至耒阳遇阻于江水暴涨,五日不得食,后得耒阳令送来酒肉,方免饿死。因阻水无法南行,乃回棹北归。入冬,杜甫病倒在湘江上的一叶扁舟中,弥留之际作绝笔诗《风疾舟中伏枕书怀三十六韵奉呈湖南亲友》,对疮痍满目的人间表示了最后的哀痛:"战血流依旧,军声动至今!"

因家贫无力归葬,杜甫的灵柩旅殡于岳阳,四十余年后才由其孙杜嗣业归葬故乡偃师的首阳山下。"千秋万岁名,寂寞身后事!"(《梦李白二首》之二)这两句诗本是杜甫对李白命运的不平之鸣,竟然成为李、杜二人共同命运的确切写照!

杜甫的一生,适逢从开元盛世到安史之乱的大转折时代,也就是大唐帝国由盛转衰的关键时期。唐玄宗统治的前期,即开元年间,一共二十九年。那时的唐玄宗励精图治,又有姚崇、宋璟等贤臣的辅弼,政治清明,国家富强,史称开元盛世。唐玄宗统治的后期,也就是天宝年间,一共十五年。早从开元末年开始,唐玄宗逐渐萌发了骄侈淫逸之心,贪图享受,不理国事。李林甫、杨国忠等奸臣乘机弄权,政治日趋黑暗,国势逐渐衰弱,终于酿成安史之乱的大祸。直到八年之后,安史之乱才算基本平定,但是大唐帝国从此就一蹶不振了。这两个时期总长约五十年,就是从唐玄宗开元元年(713)到唐代宗广德元年(763),与杜甫的生活年代基本重合。杜甫在青少年时代亲身经历了开元盛世,直到晚年还深情地回忆说:"忆昔开元全盛日,小邑犹藏万家室。稻米流脂粟米白,公私仓廪俱丰实。九州道路无豺虎,远行不劳吉日出。齐纨鲁缟车班班,男耕女桑不相失。"(《忆昔二首》之二)杜甫成年以后,目睹了政治黑暗、民不聊生的社会现实,又亲身经历了兵荒马乱、生灵涂炭的大动荡。正因杜甫经历了开元盛世,看到过人民安居乐业的景象,他才对儒家的政治理想深信不疑,并始终希望实现这个理想。正因杜甫经历了安史之乱前后的动荡社会,他才对社会上种种不合理的弊端看得更为清楚,才能写出具有强烈批判精神的写实诗歌。优秀的诗人都是社会的晴雨表,他们能比常人更敏锐地感受到时代的脉搏。时代的急风骤雨在杜甫心头引起了巨大的情感波澜,杜诗中充满了哀伤愤怨、激昂慷慨。杜诗沉郁顿挫的风格特征,其内在本质正是内心抑扬起伏的情感波澜。古语说:艰难困苦,玉汝于成。用这句话来解释杜甫与其时代的关系,是再确切不过了。

第四章 儒士杜甫

杜甫的一生,在诗歌史上适逢从盛唐到中唐的转折时代。人们公认天宝末年是唐诗的转折点,其前为盛唐,其后为中唐。清人叶燮和今人闻一多甚至认为天宝末年也是整个古典诗歌史的一个分水岭。天宝末年杜甫四十五岁,几乎就是他三十年诗歌创作生涯的中点。杜甫上与李白等人同属盛唐诗人群体,下为元白等中唐诗人的先驱。从汉魏六朝到盛唐,诗歌创作的实绩已有丰富的积累,从题材内容到艺术形式,都达到了百花齐放的繁盛局面。杜甫在此时崛起于诗坛,以集大成的姿态对前代诗人留下的遗产进行全面的继承,并予以发扬光大,从而在题材内容上为唐诗开辟了新的发展方向。盛唐诗人各有题材特点,如王、孟多咏山水田园,高、岑多写边塞生活。李白主要是抒写其内心情思,对社会生活的反映不够全面。杜甫则不然,他全面继承了前代诗歌所有的题材走向,从朝政国事到百姓生计,从山川云物到草木虫鱼,几乎涵盖了包括社会与自然的整个外部世界,并与自身的内心情思结合无间,所以被明人胡应麟评为"地负海涵,包罗万汇"(《诗薮》内编卷四)。盛唐诗歌以描写具有浪漫色彩的理想境界为主,杜甫的诗开始转向以反映社会现实为主,风格也从高华飘逸转向朴实深沉。所以从整个唐诗发展史的角度来看,杜甫正是由盛唐转向中唐的关键人物。宋人颂扬杜甫是诗史上的"集大成者"(秦观《韩愈论》),集大成的意义既在于总结前代,也在于开启后代。

所以说,杜甫所处的时代在政治史和文学史两个维度上都是大转折的关键时刻,是一个呼唤伟大诗人的时代,杜甫就是应运而生的伟大诗人。

二 志在天下的人生信念

唐代是一个思想相当开放的时代,儒、道、佛三家思想都受到朝廷的重视和支持,思想界呈现百花齐放的繁纷局面。盛唐诗人的思想既复杂,又活跃,王维信佛,李白好道,皆为显例。杜甫则与众不同。杜甫在青年时代一度醉心于道教,对仙丹灵芝及长生仙界颇感兴趣,那只是世界观尚未确立时的浪漫幻想。杜甫壮年以后对佛教产生了好感,是由于频遭挫折心生苦闷,想从佛教得到一点慰藉,并非真想遁入空门。杜诗中有一个有趣的例子:"重闻西方止观经,老身古寺风泠泠。妻儿待米且归去,他日杖藜来细听。"(《别李秘书始兴寺所居》)要先解决家人的衣食,然后才去听高僧说经,可见对人间的挚爱是杜甫皈依佛门的不可逾越的障碍。这与王维的"一生几许伤心事,不向空门何处销"(《叹白发》)有明显的差别。所以就其主要思想倾向而言,清人刘熙载的论断非常准确:"少陵一生却只在儒家界内。"(《艺概》卷二)

写生蛱蝶图　北宋·赵昌　故宫博物院藏

杜甫出生在一个以儒学为传统的家庭里。他非常崇敬其十三代祖杜预,念念不忘。杜预是西晋的名臣、名儒,不但功业彪炳,而且曾为儒家经典《左传》作注,其注本被后人收入《十三经注疏》,可称是儒家的理想人物。杜甫从小接受了严格的儒家思想教育,终生服膺儒学。杜甫诗中共有四十四个"儒"字(有一处是"侏儒"应予剔除),其中有一半是他的自称。杜甫经常自称"儒生""老儒",甚至是"腐儒"。杜甫偶然也发发牢骚,说什么"纨袴不饿死,儒冠多误身"(《奉赠韦左丞丈

二十二韵》),甚至说:"儒术于我何有哉,孔丘盗跖俱尘埃!"(《醉时歌》)但那只是在极端悲愤的情境中的牢骚话而已。事实上杜甫对儒家思想的遵循已达到孔子所说的"造次必于是,颠沛必于是"(《论语·里仁》)的程度,终生不渝,死而后已。杜甫好以儒家的祥瑞物凤凰自比,他"七龄思即壮,开口咏凤凰"(《壮游》),直到临终前一年,还写了一首《朱凤行》以见志。杜甫念念不忘的那个凤凰,正是他自己的化身。

儒家关注的对象是人生与社会,他们的人生态度必然是积极入世的。孔子奔走列国,栖栖惶惶,为的是实现天下大同的政治理想。孟子游说诸侯,力辟杨墨,为的是实现以仁义为核心的政治主张。他们对自己的事业充满了信心,而且怀有崇高的使命感。孔子奔走列国时经常遇到艰难困苦乃至暴力威胁,但他从不动摇。当他被匡人围攻时,说:"文王既没,文不在兹乎?天之将丧斯文也,后死者不得与于斯文也。天之未丧斯文也,匡人其如予何?"(《论语·子罕》)孟子说齐宣王不成,说:"夫天未欲平治天下也,如欲平治天下,当今之世,舍我其谁也?"(《孟子·公孙丑上》)有些后人误将这些言论视为天命论,其实那只是使命感的体现,是以天下为己任的崇高思想在那个时代的特殊表述。如果孔、孟相信天命论的话,他们早就会在接踵而至的挫折面前动摇、放弃,哪里还能"知其不可而为之"(《论语·宪问》)?

在儒家思想哺育下成长起来的杜甫也是这样。杜甫对人生抱有坚定的信念,他把安邦定国视为自己的使命。青年时代的杜甫早已胸怀大志:"会当凌绝顶,一览众山小!"(《望岳》)但当时他对自己的人生道路还没有作深沉的思考,他的壮志还缺乏具体、确定的内涵。待到长安十年,杜甫一面体验着人生的艰辛,一面观察着人民的疾苦,终于确立了坚如磐石的人生信念。三十九岁那年,杜甫首次自述其志向:"致君尧舜上,再使风俗淳。"(《奉赠韦左丞丈二十二韵》)五年之后,杜甫再述其志:"许身一何愚,窃比稷与契!"(《自京赴奉先县咏怀五百字》)前者着眼于君主,后者关注的重点转到自身。写前一首诗的时候,杜甫还是一介布衣。写后一首诗的时候,杜甫刚刚得到一个从八品下的微职。然而他的口气是如此的狂傲!他的志向是如此的高远!

什么叫"致君尧舜上"?有人以为那就是忠君意识的体现,这个说法需要稍作辨析。杜甫当然是忠君的,宋人苏轼甚至说他"一饭未尝忘君"(《王定国诗集叙》)。苏轼的说法并不是无中生有,杜诗《槐叶冷淘》就是一个证据。杜甫晚年流落夔州,初次品尝到当地的一种凉面"槐叶冷淘",于是兴致勃勃地作诗描写一番,最后忽然念及远在长安的君主:"君王纳凉晚,此味亦时须!"这不是"一饭未尝忘君"又是什么?然而杜甫的这种想法只是偶一为之,他的忠君意识最主要的表现就是"致君尧舜上",是希望君主变得像尧、舜一样贤明。在帝制时代,实行仁政的首要条件是君主贤明,否则一切都是空谈。尧舜是儒家推崇的古代明君,是儒家用自己的政治观念塑造出来的理想人物。杜甫希望皇帝效法尧舜,其实质就是希望他们实行仁政。这是杜甫实现远大政治抱负的必要步骤。

什么叫"窃比稷与契"？稷，又称后稷，是舜时的大臣，相传稷从小就善于稼穑，所以舜让他主管农业，他也是周朝的祖先。契则是协助大禹治水的大臣，也是商朝的祖先。杜甫为什么要自许稷、契？哈佛大学的宇文所安教授认为"诗人希望像后稷和契一样，成为伟大家族的创立者"[1]，这种说法颇为荒唐。在帝制早已确立的唐代，没有人会公开声称要创立一个王族，更何况是忠君意识十分强烈的杜甫！那么，即使只把稷、契看作舜、禹时代的大臣，杜甫是不是自许太高呢？对此，明末的王嗣奭有非常好的解读："人多疑自许稷、契之语，不知稷、契元无他奇，只是已饥已溺之念而已。"（《杜臆》卷一）意即稷、契并无其他奇特之处，他们的伟大只在于一种"已饥已溺"的念头。什么叫作"已饥已溺"？此语出于《孟子·离娄下》："禹思天下有溺者，由己溺之也。稷思天下有饥者，由己饥之也。"大禹以治理洪水为己任，他看到天下还有人溺于洪水，就责备自己：这是因为我没

---

[1]（美）宇文所安著，贾晋华译《盛唐诗》第十一章，生活·读书·新知三联书店2004年版，第224页。

有治好洪水,是我使那人溺水了。同样,稷看到天下还有人挨饿,就责备自己:是我使那人挨饿了。"己饥己溺之念"是一种高度的责任感,也是一种伟大的胸怀,一种高尚的政治情操。然而稷也好,契也好,他们身居高位,本来就承担着国家的重任,他们有这样的责任感是理所当然的。杜甫则不同,他只是一介微臣,甚至是一介布衣,按照"不在其位,不谋其政"(《论语·泰伯》)的常理来说,杜甫根本不必要怀有此种责任感。然而杜甫竟然自比稷、契,竟然以"己饥己溺之念"为人生目标,这真是崇高、伟大的人生信念!

"致君尧舜上"也好,"窃比稷与契"也好,在杜甫所生活的那个年代里,并不是不切实际的空谈,而是源于贞观名臣魏徵提出的"君为尧舜,臣为稷契"的政治理想[1]。当然,由于杜甫一生中根本没有得到实现抱负的机会,所以他的人生信念都处于虚拟的状态。正因如此,后人讥评杜甫"好论天下大事,高而不切"(《新唐书·杜甫传》)。也有人认为杜甫的人生信念"迂阔"。其实,凡是理想,总与现实有一定的距离。理想越是远大、崇高,

---

[1] 详见《贞观政要》卷三《君臣鉴戒》,上海古籍出版社1978年版,第85页。

江深草阁图

清·傅山　故宫博物院藏

它与现实的距离也就越大。即以孟子而言,他"以儒道游于诸侯,思济斯民,然由不肯枉尺直寻,时君咸谓之迂阔于事,终莫能听纳其说"(赵歧《孟子题辞》)。魏徵劝唐太宗行仁政,也被人攻击为"书生未识时务"(见《资治通鉴》卷一九三),至宋人王安石尚慨叹说:"魏文正公之言,固当时所谓迂阔而熟烂者也!"(《上仁宗皇帝言事书》)"迂阔"云云,又何足为杜甫病!人之立志,贵在高远。假如所立之志非常卑庸,与社会现实没多少差距,"迂阔"的缺点倒是避免了,但那样的人生信念又有什么价值可言!

杜甫一生困窘,屡遭挫折,他的人生信念就是在困顿境遇中产生并逐渐充实的。"致君尧舜上"的志向,是在"骑驴十三载,旅食京华春。朝扣富儿门,暮随肥马尘。残杯与冷炙,到处潜悲辛"的境遇中提炼出来的。"窃比稷与契"之句的下文,即是"居然成濩落,白首甘契阔"。对于浅薄浮躁的人,艰难困苦会使之放弃理想和抱负。对于沉稳坚毅的人,艰难困苦反而会激发其志气,坚定其决心。杜甫显然是后一种人。他在现实生活中的遭遇非常悲惨,常常陷于饥寒交迫的境地。在那种时刻,杜甫难免会啼饥号寒,把谋求温饱视为当务之急:"无食问乐土,无衣思南州。"(《发秦州》)他甚至说过"但使残年噢饱饭,只愿无事长相见"(《病后过王倚饮醉歌》)之类的丧气话。但杜甫对理想仅是暂时的搁置,而不是永久的抛弃,理想的火焰依然在他心头燃烧,一有机会仍会放出光芒。在他去世的前一年,杜甫对友人说:"致君尧舜付公等,早据要路思捐躯!"(《暮秋枉裴道州手札率尔遣兴寄递近呈苏涣侍御》)一个快要走到人生终点的人还把"致君尧舜"的理想谆谆托付给友人,说明他对心中的理想是何等的珍视和坚持。请听杜甫垂暮之年的心声:

> 君不见潇湘之山衡山高,山巅朱凤声嗷嗷。侧身长顾求其曹,翅垂口噤心甚劳。下悯百鸟在罗网,黄雀最小犹难逃。愿分竹实及蝼蚁,尽使鸱鸮相怒号!(《朱凤行》)

三　仁爱精神的诗语表述

在儒学的发展史上,曾出现两个高潮,它们分别在汉代和宋代,所以儒学的两大流派分别被称为"汉学"与"宋学"。儒学史上的唐代夹在这两个高潮之间,实际上处于一个低潮阶段。唐代的儒学前不如汉人,后不如宋人。那么儒学的发展在唐代停顿了吗？唐代有没有值得注意的儒学代表人物？当然是有的,其中之一就是杜甫。钱穆称杜甫为唐代的"醇儒"[1],非常准确。那么在何种意义上,我们能够说杜甫对唐代的儒学发展起了很大的作用呢？大家一提到唐代的儒学,就会想到唐初的《五经正义》。《五经正义》虽然是儒学经典中最重要的注本,但是其中的观念、义理,基本上都是从汉儒那里来的,它在学理上没有很多新的阐发。甚至可以说,到了唐代,由于出现了《五经正义》,有了对经典的权威解

[1] 钱穆《中国史学发微》,台北东大图书公司1989年版,第237页。

说,唐代的儒学研究基本上停滞不前了。杜甫则不然。杜甫不是儒学经典的注疏者,他对儒学的服膺主要体现于实践,他身体力行地将儒学原理付诸行为,从而在儒学发展史上作出了独特的贡献。不但如此,杜甫还用他一生的实践、行为,用他的整个生命,来丰富、充实了儒学的内涵。从本质上说,儒学原是一种实践的哲学,它非常重视人的行为。所谓的百姓日用人伦,是儒学最为关心的核心内容。孔子也好,孟子也好,当他们年富力强的时候并不忙着著书立说,他们栖栖惶惶,奔走天下,要从实践的角度推行他们的仁爱之道。他们等到最后觉得"道之不行,已知之矣"(《论语·微子》),道是暂时行不通了,年纪也大了,才静下心来著书立说,把他们的思想用著述的形式传给后人。从本质上看,儒学最强调的是实践,强调人们生前的行为,强调在实际生活中的建树。从这个意义上说,杜甫正是最好地体现儒家精神、发扬儒家精神的一个历史人物。

儒学千头万绪,其核心内容就是仁爱思想,主张在天下推行以仁爱之心为出发点的仁政。众所周知,儒家的仁爱精神跟西方的博爱精神是貌同神异的。一般说来,西方的博爱精神,最初的来源就是宗教。来源于宗教的博爱精神,当然是一种很可贵的价值观、伦理观,但是我们追究一下它的起源,西方人最初怎么会产生博爱精神的呢？一是服从于神灵的诫命,二是对于人类祖先所犯下的原罪的赎买。儒家的仁爱之心则与神灵无关。儒家强调"仁义礼智根于心"(《孟子·尽心上》),一切的爱心都是从人们的内心自然生发出来的。孟子有一个很好的阐释,他说:"老吾老以及人之老,幼吾幼以及人之幼。"(《孟子·梁惠王上》)这是一种由近及远、由亲及疏的自然的情感流动。由这样的程序生发出来的仁爱之心,它更自然,更符合人的本性,也更切实可行。它既不是好高骛远的空想,也不是违背人性的矫情。它不是强制性的道德规范,更不是对天国入场券的预付。杜甫对儒家的这个核心精神心领神会,他的诗篇,他的行为,时时刻刻都在阐释这种理念。杜甫感情深厚诚笃,被后人誉为"情圣"[1]。他深深地爱着他的妻子、儿女和弟妹,一生中始终与妻儿不离不弃,相依为命。他与杨氏夫人伉俪情深,白头偕老。当他陷贼长安时,曾对着月亮怀念远在鄜州的妻子:"何时倚虚幌,双照泪痕干？"(《月夜》)当他与家人隔绝时,就格外思念幼小的孩子:

---

[1] 见梁启超《情圣杜甫》,载《杜甫研究论文集》第一辑,中华书局1962年版,第1—13页。

"世乱怜渠小,家贫仰母慈。"(《遣兴》)杜甫对友人情同兄弟,时时见于吟咏。他四十八岁那年流寓秦州,全家生计濒于绝境,却在短短三个月内写了三首思念李白的名篇,其中如《天末怀李白》云:"凉风起天末,君子意如何?鸿雁几时到,江湖秋水多。文章憎命达,魑魅喜人过。应共冤魂语,投诗赠汨罗。"至性至情,感人肺腑。杜甫还将仁爱之心推广到素不相识的天下苍生。杜甫到奉先县去探亲的时候,突然发现自己的幼子已挨饿夭折了。他当然悲痛万分,但是与此同时,他马上又想到了普天下还有很多比自己更困苦的人:"抚迹犹酸辛,平人固骚屑。默思失业徒,因念远戍卒。"(《自京赴奉先县咏怀五百字》)"失业徒"就是失去田地的农民,"远戍卒"指在远方戍边的战士,他们遭受的痛苦比自己更加剧烈。于是杜甫就把关爱之心从家庭扩展到整个民族,整个社会。在一个秋风秋雨之夜,他的茅屋被大风刮破了,雨水漏下来了,床上都潮湿了,杜甫彻夜不得安眠,此时此刻,他想到的是:"安得广厦千万间,大庇天下寒士俱欢颜,风雨不动安如山!呜呼,何时眼前突兀见此屋,吾庐独破受冻死亦足!"(《茅屋为秋风所破歌》)他希望出现千万间宽敞、牢固的房屋,让天下穷人都有躲避风雨的安身之所。可以说,这是历史上最早提出的

柴门送客图
明·周臣
南京博物院藏

"安居房"的概念。杜甫甚至庄严许愿：只要有千万间"安居房"突然出现，即使自己独自受冻而死也心甘情愿！杜甫的思考过程，他的感情流向，也是由近及远，由亲及疏，这分明是"老吾老以及人之老，幼吾幼以及人之幼"的儒家精神的具体阐发。

儒家仁爱之心的最高体现形式是实行仁政，孟子说："尧舜之道，不以仁政，不能平治天下。"（《孟子·离娄上》）孟子还指出仁政的最低限度是让人民"仰足以事父母，俯足以畜妻子，乐岁终身饱，凶年免于死亡"（《孟子·梁惠王上》），杜甫对此完全赞同，他用诗歌表示了同样的愿望："牛尽耕，蚕亦成，不劳烈士泪滂沱，男谷女丝行复歌。"（《蚕谷行》）他满心希望朝廷薄赋轻徭，让人民休养生息："借问悬车守，何如俭德临？"（《提封》）他谴责急征暴敛："彤庭所分帛，本自寒女出。鞭挞其夫家，聚敛贡城阙。"（《自京赴奉先县咏怀五百字》）"况闻处处鬻男女，割慈忍爱还租庸！"（《岁晏行》）他指出苛政是逼迫人民铤而走险的根本原因："不过行俭德，盗贼本王臣！"（《有感五首》之三）在国家统一不受损害的前提下，杜甫坚决主张息兵罢战。唐帝国发动对南诏的战争，屡战屡败，甚至全军覆没，杜甫作《兵车行》揭露朝廷的穷兵黩武，以及无辜百姓埋骨荒外的悲惨命运："君不见青海头,古来白骨无人收。新鬼烦冤旧鬼哭,天阴雨湿声啾啾!"安史之乱即将敉平,杜甫作《洗兵马》抒发太平之愿:"安得壮士挽天河,净洗甲兵长不用!"儒家为了推行仁政,对危害仁政的现象忧心忡忡,孔子说:"虽危,起居竟信其志,犹将不忘百姓之病也,其忧思有如此者。"(《礼记·儒行》)杜甫的忧患感与此一脉相承,他"穷年忧黎元,叹息肠内热"(《自京赴奉先县咏怀五百字》),他"向来忧国泪,寂寞洒衣巾"(《谒先主庙》)。忧国忧民成为杜诗留给后代读者的第一印象,"醉里眉攒万国愁"(黄庭坚《老杜浣花溪图引》)成为后人心目中杜甫形象的历史定格。时时刻刻都在忧国忧民的人必然会对社会的黑暗面怀有最强烈的敏感,必然会对国家的隐患保持最强烈的警惕。杜甫就是如此。唐玄宗好大喜功,奸臣边将轻启边衅,有时还取得暂时的胜利,这在时人眼中往往是国力强盛的表现,杜甫却看到了内郡凋敝、人悲鬼哭的阴惨景象。玄宗奢侈骄淫,杨氏兄妹游宴无度,这在时人眼中也许是歌舞升平的象征,杜甫却看到了奸臣弄权、外戚乱政的动乱征兆。透过李白"长安市上酒家眠"的佯狂举止,杜甫隐隐约约地看出了那是贤才落魄的悲剧。对于安禄山"主将位益崇,气骄凌上都"(《后出塞五首》之四)的骄横表现,杜甫预言即将发生藩镇叛乱的危险。

杜甫最为忧心忡忡的是社会的贫富悬殊。儒家一向反对贫富不均,认为它是社会最大的危害:"庖有肥肉,厩有肥马,民有饥色,野有饿莩,此率兽而食人也!"(《孟子·梁惠王上》)现代西方的社会学家提出基尼系数的概念,用基尼系数来测量一个社会贫富不均的程度,他们认为基尼系数超过0.4,就向社会敲响警钟了。中国古人不知道什么基尼系数,但他们对贫富不均的警惕丝毫不低于西方的社会学家。从古到今,儒家的代表人物都从理论上批判贫富不均,凡是有正义感的诗人都写诗谴责贫富悬殊的现象。尽管历代揭露民生疾苦、揭露贫富不均的警句相当之多,但是大家都认可杜甫的名句最为惊心动魄:"朱门酒肉臭,路有冻死骨!"(《自京赴奉先县咏怀五百字》)以至于后人只要说到贫富不均的现象,首先就会联想到这两句杜诗。这是杜甫深沉忧患意识的生动体现,是杜甫向千秋万代发出的严重警告。

杜甫对儒家的仁爱思想还有发展和补充。首先,杜甫不但爱自己的同胞,他还把仁爱之心扩展到更大的范围,甚至包括其他民族的人。在盛唐时期,经常发生边境战争,以唐帝国为一方,以少数民族建立的其他政权为另一方,之间经常发生战事。这些战争的性质多种多样,有时是唐帝国防御外族的侵扰,有时是唐帝国为了开边拓土而主动进攻他国。杜甫虽然坚决主张保卫国家不受侵扰,但同时也主张反击不可过度,他说:"挽弓当挽强,用箭当用长。射人先射马,擒贼先擒王。杀人亦有限,立国自有疆。苟能制侵陵,岂在多杀伤!"(《前出塞九首》之六)这是富有人道精神的战争观,也是对儒家仁爱思想的发扬光大。

其次,孔、孟等早期儒家提出的仁爱之心,其思考对象是人类:"樊迟问仁,子曰:'爱人。'"(《论语·颜渊》)孟子则举例说明人们的仁爱之心的来源:"今人乍见孺子将入于井,皆有怵惕恻隐之心。"(《孟子·公孙丑上》)爱人之心也好,恻隐之心也好,它的关注对象都是人,没有包括其他生命。杜甫则将爱人之心延伸出去,推广开来,用更加广博的仁爱精神去拥抱整个世界。杜诗写到天地间的一切生灵都出以充满爱抚的笔触:"筑场怜穴蚁,拾穗许村童。"(《暂住白帝复还东屯》)"盘飧老夫食,分减及溪鱼。"(《秋野五首》之一)在杜甫心目中,天地间的动物、植物都与人一样,应该沐浴在仁爱的氛围中。杜甫在成都草堂的周围植树甚多,其中有四株小松,他避乱梓州时非常惦念它们:"尚念四小松,蔓草易拘缠。霜骨不甚长,永为邻里怜。"(《寄题江外草堂》)等到他返回草堂重见小松,竟然如睹久别的儿女:"四松初移时,大抵三尺强。别来忽三岁,离立如人长。"(《四松》)杜甫尤其关心那些处境欠佳的动植物:"白鱼困密网,黄鸟喧佳音。物微限通塞,恻隐仁者心。"(《过津口》)古人本有"数罟不入洿池"(《孟子·梁惠王上》)的习惯,"数罟"者,密网也。如今竟然在江上张着密密的渔网,大小鱼儿都困在网里,杜甫顿时产生了恻隐之心。有人认为杜诗中写到动物、植物,往往有比兴寄托的意味,这话不错。比如杜甫喜咏雄鹰和骏马,在它们身上寄托着诗人的雄心和豪气。又如在成都写的《病橘》《病柏》《枯棕》《枯楠》,分别咏害病的橘树和柏树,枯萎的棕树和楠树,杜甫为什么专挑病树、枯树来写? 历代注家都认为这是比喻在苛捐杂税的压迫下奄奄一息的穷苦百姓,相当合理。但是杜诗中也有许多篇章只是直书所见,并无寄托,例如《舟前小鹅儿》:"鹅儿黄似酒,对酒爱新鹅。引颈嗔船逼,无行乱眼多。翅开遭宿雨,力小困沧波。客散层城暮,狐狸奈若何!"诗中并无以鹅喻人之意,充溢在字里行间的只是对弱小生命的由衷爱怜和关切。杜甫关爱一切生命的情怀是对儒家仁爱思想的重要发展,请看《题桃树》:

小径升堂旧不斜,五株桃树亦从遮。高秋

黄鹂垂柳图

清·华嵒
旅顺博物馆藏

> 总馈贫人食,来岁还舒满眼花。帘户每宜通乳燕,儿童莫信打慈鸦。寡妻群盗非今日,天下车书正一家。

杜甫把桃树写得深通人性、有情有义,对乳燕、慈鸦也流露出一片爱心,清人杨伦评曰:"此诗于小中见大,直具'民胞物与'之怀,可作张子《西铭》读,然却无理学气。"(《杜诗镜铨》卷一一)把仁爱之心从人推广到普通的生物,本来是儒学的一种发展方向。到了宋代,理学家张载提出一个有名的命题:"民吾同胞,物吾与也。"(《正蒙·乾称篇》)这句话被后人压缩成"民胞物与"四个字,意思是人们都是同胞兄弟,生物都是人类的朋友。这种精神在理论上要等到宋人才阐发出来,但是在文学上,唐人杜甫早就用他的美丽诗篇生动地予以弘扬了。这是杜甫对于儒学思想的一大贡献。

四　诗史与诗圣

杜诗被后人尊为"诗史",杜甫被后人尊为"诗圣",这是历史授予杜甫的两顶桂冠。

何谓"诗史"?这个概念始见于晚唐孟启的《本事诗·高逸第三》:"杜逢禄山之难,流离陇蜀,毕陈于诗,推见至隐,殆无遗事,故当时号为'诗史'。"顾名思义,"诗史"就是用诗歌写成的历史。有人认为诗与史的性质完全不同,它们不能互相替代。清初王夫之说:"夫诗之不可以史为,若口与目之不相为代也。"(《姜斋诗话》卷上)然而不同的人体器官在功能上尚且存在着"通感",不同的人文学科岂会毫无相通之处?即使是王夫之本人,也曾局部地承认杜诗记载历史的功能,他说:"读杜甫'拟绝天骄''花门萧瑟'之诗,其乱大防而虐生民,祸亦棘矣。"(《读通鉴论》卷二三)这是指杜甫的《诸将五首》之二和《留花门》两首诗而言,前者:"韩公本意筑三城,拟绝天骄拔汉旌。"这是说唐中宗时,韩国公张仁愿在河北筑受降城三座,其用意是抵御突厥的入侵。后者说:"花门既须留,原野转萧瑟。"这是说安史之乱爆发后,唐帝国因兵力不足而向回纥借兵,回纥军队来唐参战后,任意抢掠,荼毒百姓。但唐肃宗竟然同意回纥长驻内地,杜甫对此亟表忧虑。"花门"即回纥之代称。王夫之作为著名的史论家,对唐朝借兵外族后患无穷的教训有深刻的体会,但他既然引用杜诗来证实自己的史论,怎能断言"诗之不可以史为"?况且杜诗的功能并不是客观地记录历史,它是对历史的价值评判,是历史的暴风骤雨在人们心头留下的情感波澜的深刻抒写。清人浦起龙说得好:"少陵之诗,一人之性情,而三朝之事会寄焉者也。"(《少陵编年诗目谱》,《读杜心解》卷首)大唐帝国在玄宗、肃宗、代宗三朝发生了由盛转衰的剧变,它对人们的精神面貌产生了怎样的严重影响?安史之乱在唐朝人民的心头留下了何等深重的创伤?这些内容在史书中是读不到的,即使有所涉及也是不够真切的。例如安史之乱使唐帝国的人口大量减少,《资治通鉴》中有详细的记载:天宝十三载(754),大唐帝国的总人口是五千二百八十八万,到了广德二年(764),这个数字降低为一千六百九十万。短短的十年间,全国的总人口竟然减少了三分之二!然而史书中虽然记载了详细的人口数,但是它们只是两个冷冰冰的数据,没有细节,没有过程,没有告诉我们那么多的百姓是如何死于非命的。杜甫晚年有一首诗叫《白马》,其中有两句说:"丧乱死多门,呜呼泪如霰!"在太平年代里,人们的死亡方式是基本相同的,或是寿终正寝,或是病死。但是在兵荒马乱的时代,人们以各种意想不到的方式走向死亡。这是多么沉痛的句子!安史之乱时百姓遭受的苦难到底有多深,他们是死于铁骑的踩躏,还是死于逃难的折磨,或是死于兵火之后的饥荒?只有"三吏""三别"以及《彭衙行》《北征》等杜诗才给出了深刻的解答。从这个意义上说,一部杜诗,在客观上就是新、旧《唐书》的必要补充,在主观上就是杜甫留给后人的历史警示录。孔子说过:"我欲载之空言,不如见之于行事之深切著明也。"(见司马迁《太史公自序》)孔子为何要修《春秋》?又为何要在《春秋》中用微言大义的方式来表明褒贬态度?进一步说,中华民族为什么要如此重视史学传统?就是因为历史是我们的集体记忆,是民族的精神血脉,是集体价值观的记载和传承,它必然会对中华民族的现在和将来产生深远的影响。杜诗在记录历史事实时渗入了深沉的思考和深厚的情感,它不但让后人了解历史,而且启发后人感知历史、思考历史,进而从历史中汲取经验和教训,从而更好地前进。就这一点来说,杜

明皇幸蜀图

唐·李昭道　台北故宫博物院藏

青絲開山迥
嶇岮道路長
穿人不結束行
李自周祥綏
為名和利鄉
舉勞與忙年
陳失此民談宗

诗与孔子的《春秋》具有同样的意义,我们应该高度评价杜诗的"诗史"价值。在杜甫以后,历代有不少优秀诗人也得了"诗史"的称号,例如褚人获称陆游,黄宗羲称文天祥,李珏称汪元量,徐嘉称顾炎武,郑方坤称吴梅村等,这说明杜甫的"诗史"精神对后代诗歌史产生了深远的影响。

何谓"诗圣"?这个名称始见于明人费宏的《题蜀江图》:"杜从夔府称诗圣。"[1]稍后的胡应麟则说:"拾遗素称诗圣,又称集大成。"(《少室山房笔丛》卷一八)至明末,誓不降清的王嗣奭夜梦杜甫,乃深情地说:"青莲号诗仙,我公号诗圣。"(《梦杜少陵作》)顾名思义,"诗圣"就是诗国中的圣人,这个概念其实早在北宋就已提出来了。秦观引用孟子的话"孔子,圣之时者也。孔子之谓集大成",然后说:"杜氏、韩氏,亦集诗文之大成者欤!"(《韩愈论》)可见在秦观心目中,杜甫就是诗国中的圣人,不过没有拈出"诗圣"二字而已。秦观此说实为当时人的共识,苏轼就曾多次表述此意。那么,唐代的杰出诗人很多,为什么只有杜甫被北宋诗人认定是诗国中

---

[1] 见《太保费文宪公稿辑》,《续修四库全书》第1331册,上海古籍出版社2002年版,第287页。

的圣人呢？事实上，从北宋初年开始，诗坛一直在唐代诗人中选择学习的典范，白居易、贾岛、李商隐、李白、韩愈等人都曾受到诗坛的重视。杜甫则后来居上，他在北宋初期只受到王禹偁等少数诗人的重视，其后情形逐步改善，到了北宋后期，也即所谓"诗有三元"的元祐时期[1]，终于脱颖而出，成为整个诗坛公认的典范。

宋人推崇杜甫，是沿着两种价值判断的维度而进行的：一是审美判断，即诗歌造诣的维度；二是道德判断，即人格意义的维度。在第一个维度上，杜诗的题材千汇万状，地负海涵，为宋人开启无数法门，正如王禹偁所说："子美集开诗世界。"（《日长简仲咸》）杜诗的艺术则千锤百炼，毫发无憾，在诗歌艺术上精益求精的宋人对之心悦诚服。陈从易所读之杜诗有一个脱字，与诸人各思一字补之，后得善本，看到杜诗的原文远胜于诸人所补者，"叹服，以为虽一字，诸君亦不能到也"。（见欧阳修《六一诗话》）王安石作诗精于琢句，却说："世间好语言，已被老杜道尽。"（见《陈辅之诗话》）苏轼、秦观等人则推尊杜甫为诗国的集大成者。

【1】陈衍云："余谓诗莫盛于三元，上元开元，中元元和，下元元祐也。"见陈衍《石遗室诗话》卷一，人民文学出版社2004年版，第7页。

在第二个维度上,宋人对杜甫的推尊具有更深远的历史意义。元祐年间,王安石和黄庭坚各有题咏杜甫画像的诗,王诗云:"所以见公像,再拜涕泗流。推公之心古亦少,愿起公死从之游!"(《杜甫画像》)黄诗云:"常使诗人拜画图,煎胶续弦千古无!"(《老杜浣花溪图引》)是什么原因使得王、黄二人不约而同地对着杜甫的画像顶礼膜拜呢?王诗中说:"常愿天子圣,大臣各伊周。宁令吾庐独破受冻死,不忍四海赤子寒飕飗。"黄诗中说:"中原未得平安报,醉里眉攒万国愁。生绡铺墙粉墨落,平生忠义今寂寞。"他们敬爱的是杜甫忧国忧民的伟大情怀,是杜甫志在天下的磊落人格。到了南宋,评论历史人物极为苛严的理学宗师朱熹将杜甫与诸葛亮、颜真卿、韩愈、范仲淹一起誉为"五君子"。"五君子"中除了杜甫以外的四位人物,都在政治方面有所建树,或是功业彪炳的政治家,或是为国捐躯的烈士。唯独杜甫根本算不上一个政治家。杜甫一生在政治上的建树,几乎没有什么值得提起的事迹,除了在肃宗的朝廷里偶然仗义执言,从此被朝廷疏远以外,他始终是默默无闻的小官员,很多时候还是漂泊江湖的一介布衣。杜甫在政治上根本没有得到过施展抱负的机会,他要报效祖国,他坚决反对叛乱,但是历史没有给他提供表现的舞台。杜甫就是这样一位人物,为什么也得到了朱熹的高度赞扬?为什么在朱熹看来,杜甫可以在从诸葛亮到范仲淹的这份君子名单中占有一席之地?朱熹说得很清楚:"此五君子,其所遭不同,所立亦异,然求其心,则皆所谓光明正大,疏畅洞达,磊磊落落而不可掩者也。"(《王梅溪文集序》)原来"五君子"的共同点在于他们都有一颗伟大的心灵,他们都是光明正大、磊磊落落的人,是在人格上具有楷模意义的人。由此可见,宋人高度认可杜甫的人格意义,高度评价杜甫忧国忧民的思想境界,认为杜甫在道德上已经达到超凡入圣的崇高境界。

那么,由宋人和明人共同奉献给杜甫的"诗圣"桂冠,在整个中国历史上是否具有普遍的意义呢?或者说,它对现代的中国人是否具有引领、启迪的作用呢?答案是肯定的。中华民族的先人非常重视个体的道德修养,这是儒家思想的精髓之一。儒家认为,一个高度发达的文明社会,它的基础就是文明的个体,是具有道德自觉的个体。儒家还认为个体的修养不应该受到外在力量的强制,而应该是出于内心的道德自律。所以儒家非常重视个体的道德建树,崇扬人格精神。最典型的表述就是孟子提出来的人格境界,即"富贵不能淫,贫贱不能移,威武不能屈"(《孟子·滕文公下》)的大丈夫精神。在中国历史上,符合这个标准的仁人志士为数不少,我们可以开出一张长长的名单来。但是这张名单中的大部分人,都是在政治上有重要建树的人物。这些人物曾经承担起天下的责任,从而体现出儒家的人格风范。惟独杜甫是一个例外。杜甫一生基本上是一个平民,他经常称自己是"布衣":"杜陵有布衣。"(《自京赴奉先县咏怀五百字》)他又自称是"野老":"少陵野老吞声哭。"(《哀江头》)布衣也好,野老也好,意思都是说自己是一个平民百姓。杜甫以一介布衣的身份展示了儒家所崇扬的人格风范,这一点有特别重要的意义。因为对于普通人来说,如果号召大家学习诸葛亮,学习范仲淹,当然有意义,有价值。但是人们会觉得难以付诸实践,因为那样的人物距离我们太远了,他们的地位太高了。普通人可能一辈子也没有那样的机会,来在功业建树中展示人格境界。即使你具备政治才能或忠肝义胆,但假如历史不给你适当的机会,你又何以展示呢?那么,一个普通人,过了平凡的一生,他能不能实现道德人格的完善?他能不能达到超凡入圣的人格境界?我们说可以,因为我们已经有了一个这样的典范,就是杜甫。孟子说过"人皆可以为尧舜"(《孟子·告子下》)。到了明代,王阳明的弟子董萝石说他"见满街人都是圣人",王阳明答曰:"此亦常事耳。"(见《传习录》卷下)为什么普通人也能成为尧舜?因为人性本善,人只要从善良的本性出发,努力修行,便可以成为圣贤。话虽如此说,这毕竟只是儒家旨在鼓励人们进德修身的理想化表述,如果真要问王阳明,满街人中究竟哪一个是圣人?哪个人具备孟子所说的大丈夫精神?恐怕王阳明也难于回答。然而我们毕竟有了一个真实的出自平民的圣人,他就是杜甫。即使用朱熹提出的高标准来衡量,杜甫也完全合格。"诗圣"的最大意义在于,从前的圣人在普通人心目中都是神圣乃至有几分神秘的,都是令人敬而远之的、高不可攀的。杜甫用其实践使圣人的概念从神坛回归人间,从而消除了长期蒙在圣人身上的神秘光环,也拉近了圣人与普通人之间的心理距离。杜甫以一介布衣的身份跻身于圣贤的行列,这为普通人努力进德修身并朝着崇高的人格境界前进,提供了可以仿效并逐步靠近的典范。

杜甫以一介布衣而跻身圣贤之列,其实质就是对平凡人生的巨大超越。在物质生活的层面上,杜甫流落饥寒,穷愁潦倒,终生处于极为低下的水平。然而他在人格精神上达到了崇高的境界,他以忧国忧民的伟大胸怀超越了叹穷嗟卑的个人小天地,他以宏伟远大的精神追求超越了捉襟见肘的物质环境,从而将充满苦难的人生提升到诗意盎然的境界。一部杜诗,展示了崇高的人格境界,蕴涵着充沛的精神力量。后人阅读杜诗,在获得巨大审美享受的同时,也获得深刻的精神启迪。这种精神启迪不同于理论性的德育教材,它的教益是伴随着感动而来的,它像"润物细无声"(《春夜喜雨》)的春雨一样沁入读者的心肺,悄无声息,却沦肌浃髓。在杜甫身后,无数后人从阅读杜诗入手,从而走近杜甫,感受其伟大心灵的脉动,接受其高尚情操的熏陶。请看两个例子。

北宋元丰年间,苏轼谪居黄州,躬耕东坡。闲来无聊,经常书写古诗,其中多有杜诗。有一次苏轼书写了杜甫的《屏迹三首》的其二、其三,并题跋于后:"子瞻云:'此东坡先生之诗也。'或者曰:'此杜子美《屏迹》诗也,居士安得窃之?'居士曰:'夫禾麻谷麦,起于神农后稷。今家有仓廪,不予而取辄为盗,被盗者为失主。若必从其初,则农稷之物也。今考其诗,字字皆居士实录,是则居士之诗也。子美安得禁吾有哉!'"(《书子美屏迹诗》)《屏迹三首》作于成都草堂,"屏迹"就是隐藏行迹,也就是隐居。当时杜甫经过一番颠沛流离后暂得安居,他对质朴安宁的农村生活深感喜爱,比如《屏迹三首》其二云:"用拙存吾道,幽居近物情。桑麻深雨露,燕雀半生成。村鼓时时急,渔舟个个轻。杖藜从白首,心迹喜双清。"对此,栖身于黄州东坡的苏轼深有会心。他用诙谐的口吻说:各类庄稼最早都起源于神农、后稷,是神农、后稷发明的,但是今天家家都种,农民收获了粮食,放在自家仓库里,假如你没得到主人的同意就去拿,人家就说你是偷盗,被盗的农民就是失主。但是考察庄稼的最早源头,都是神农和后稷发明的呀! 由于同样的道理,这两首《屏迹》诗的每一句都是我的生活的实录,它们就是东坡居士的诗,杜甫怎能禁止我占有它们呢? 这段话说得很风趣,它说明杜诗描写的生活状态引起了苏轼的深刻共鸣,杜甫安于清贫、喜爱质朴生活的人生态度得到苏轼的高度认同。

南宋末年,文天祥抗元被俘,押至大都后囚于狱中,虽元人百般劝降,天祥坚贞不屈,在百渗充斥的牢房里坚持三年后从容就义。此时南宋政权早已灭亡,文天祥处境又如此险恶,是什么精神力量在支撑着他坚持民族气节,直到生命的最后一刻? 文天祥在《正气歌》中自述:"风檐展书读,古道照颜色。"那么,他所说的古人的道德光辉到底何指呢? 文天祥就义后,人们在其衣服中发现了一首"衣带铭",上书:"孔曰成仁,孟云取义。惟其义尽,所以仁至。读圣贤书,所学何事。而今而后,庶几无愧。"[1]可见儒家精神就是文天祥的精神源泉。然而文天祥还有第二个重要的精神源泉,那就是杜诗。文天祥在燕京狱中写了二百首集杜诗,他从杜甫的不同篇章中抽出一些单独的句子,重新组装成新的作品。文天祥在《集杜诗》的自序中说:"凡吾意所欲言者,子美先为代言之。日玩之不置,但觉为吾诗,忘其为子美诗也。"又说:"予所集杜诗,自余颠沛以来,世变人事,概见于此矣!"可见正是杜诗中蕴涵的高尚情操鼓舞着文天祥,是杜甫的人格精神激励着文天祥,从而慷慨捐躯、舍生取义,实现了生命的最高价值。

苏轼在和平年代读杜诗,文天祥在离乱时代读杜诗,他们不约而同地感受到杜诗就像自己的作品一样真实、可亲,这是杜诗巨大感染力的生动事例。的确,自从有杜诗以来,读者就将它视为人生的教科书,视为照亮人生道路的一盏明灯。正如闻一多所说,杜甫是我们"四千年文化中最庄严、最瑰丽、最永久的一道光彩"[2]!

---

[1]《文天祥全集》卷一七《纪年录》,中国书店1985年版,第465页。
[2] 闻一多《杜甫》,《唐诗杂论》,上海古籍出版社1998年版,第135页。

推荐读物:

1. 杜甫著,杨伦笺注《杜诗镜铨》,上海古籍出版社1998年版
2. 莫砺锋《杜甫评传》,南京大学出版社1993年版

第五章

居士苏轼

经历过玉堂金马的荣耀和银铛入狱的耻辱，又在黄州的躬耕生涯中备尝生活艰辛的东坡居士已经炼就一种宠辱不惊、履险如夷的人生态度，不期而至的雨丝风片，又能奈他何？

临李公麟《扶杖醉坐图》
清·朱鹤年
上海博物馆藏

诗酒趁年华。

一　问汝平生功业：黄州惠州儋州

宋徽宗建中靖国元年（1101）五月，即将走到生命尽头的苏轼来到镇江金山寺，应寺僧之请自题其画像："心似已灰之木，身如不系之舟。问汝平生功业，黄州、惠州、儋州。"为什么说苏轼的一生功业，就是到过黄州等三个流放之地呢？让我们从他的生平说起。

苏轼，生于宋仁宗景祐三年（1036）[1]，卒于宋徽宗建中靖国元年（1101）。他出生于一个家境小康的耕读之家，其父苏洵少喜游侠，二十七岁方发愤读书，后因擅长古文得欧阳修等人的赏识，年过半百才得入仕，任秘书省校书郎的微职。苏洵自己仕途不顺，便把希望寄托在两个儿子身上，亲自辑校典籍，用作苏轼、苏辙的教材，并精心指导他们写作古文。苏轼的母亲程夫人知书达礼，曾亲自指导苏轼读书。苏洵的严正刚强和程夫人

【1】苏轼的生日为十二月十九日，于公元已是1037年1月8日。因前人言及苏轼生平时皆依夏历，故本书仍以1036年为其生年，以免缠夹。

治平帖　北宋·苏轼　故宫博物院藏

的慈爱宽容对苏轼的性格都有深刻的影响。

苏轼自幼聪慧，二十岁时随父入成都谒见知州张方平，便被誉为天上的麒麟。二十二岁那年，苏轼进士及第，深得主考欧阳修的激赏。他回乡服母丧三年，于二十六岁那年以最高的等级高中制科[1]，名震京师，从

---

[1] 苏轼所应之制科名曰"贤良方正能直言极谏"科，或曰名"才识兼茂明于体用"科，孔凡礼认为"盖二者乃一科"，见孔凡礼《苏轼年谱》卷四，中华书局1998年版，第91页。按：北宋制科虽分五等，然一、二两等乃虚设者，从不授人。苏轼所中之三等，即为最高等第，整个北宋仅有二人获此殊荣。

此迈入仕途。然而苏轼在仕途上的命运却远非一帆风顺。他赴凤翔府（今陕西凤翔）任签判三年，经受了地方实务的锻炼。三十岁还朝，召试秘阁合格，得直史馆。次年因父丧返乡，三十四岁还朝，任殿中丞直史馆判官告院。此时王安石的变法已经如火如荼地展开，苏轼认为新法的推行过于仓促，弊端甚多，就直言不讳地向朝廷提出不同意见。这就触怒了王安石及混迹于新党的吕惠卿等人，新党的爪牙竟然诬告苏轼兄弟扶丧返乡时曾利用官船贩运私盐等物，虽查无实据而不了了之，但苏轼深感人心险恶，便上疏请求外任。三十六岁那年，苏轼出任杭州通判。后调任密州（今山东诸城）知州、徐州知州。四十四岁调任湖州知州，到任仅三个月，便遭遇了"乌台诗案"，经千里追捕押至汴京，关入御史台大狱，度过了长达一百三十多天的铁窗生涯。虽然御史们一心想把苏轼办成死罪，但所谓的罪证只是一些讥讽新法的文字，这种以文字论罪且置人于死地的做法毕竟是不得人心的，有正义感的朝臣纷纷向神宗请求宽免苏轼，连退居江宁的王安石和身居深宫的太皇太后曹氏也出面求情，但是神宗依然对苏轼讥讽新法不能释怀，最后法外加罚，将他贬往黄州（今湖北黄冈）。

元丰三年（1080）正月初一，汴京城里爆竹喧天，苏轼在御史台差役的押解下走出京城,前往黄州。黄州是个荒凉偏僻的小城,苏轼又是个戴罪之身,初来乍到无处栖身,只好寄居在一所叫定惠院的小寺庙里。一个春寒料峭的夜晚,苏轼独自来到江边散步,一股深深的寂寞之感缠住了他的灵魂,他写了一首《卜算子》:

缺月挂疏桐,漏断人初静。谁见幽人独往来,缥缈孤鸿影。

惊起却回头,有恨无人省。拣尽寒枝不肯栖,寂寞沙洲冷。

词中的孤鸿,正是惊惶失措、无处容身而又品行高洁的那位"幽人"的象征。幽人像孤鸿,孤鸿也像幽人。当然,那个幽人就是苏轼自己。

来到黄州后,苏轼的生活发生了很大的变化。他虽然不是出身于累代簪缨之家,但是家境尚属小康,自幼没有体验过衣食之忧,入仕以后靠俸禄为生,也很少遇到捉襟见肘的窘境。然而现在不同了,他虽然还顶着"检校水部员外郎充黄州团练副使"的虚衔,但已经没有正常的俸禄可领了。苏轼向来不重理财,手头没有多少积蓄。无论如何节俭,他的积蓄也支撑不了多久。一年以后,苏轼便囊中羞涩了。经友人代他请求,黄州官府拨给他一块荒地来开垦。那块荒地位于黄州城东门外的山坡上,苏轼便给它取名为"东坡",他联想到唐人白居易谪居忠州时,非常喜爱忠州城外的"东坡",于是自号"东坡居士"。在开荒种地的余暇,苏轼并不一味地放浪山水、啸傲风月,他也抓紧时机读书、著书,那间四壁画满雪景的雪堂成为东坡这位"素心人"潜心学术的书斋。他在黄州曾第三遍手抄《汉书》,还动手撰写《论语说》《易传》等学术著作。苏轼在黄州不敢多作诗文,只留下了前、后《赤壁赋》和《寒食雨二首》《东坡八首》等佳作。他把更多的兴趣转移到填词和书画上来,几乎每天都要挥毫泼墨,如今留传世间的东坡墨迹,以写于黄州的为最多。他的书法造诣,也在黄州得以突飞猛进。苏轼在黄州作文作诗都比较少,只有词的数量不减反增。他在黄州生活了四年零三个月,平均每年作词十九首,远高于一生的平均数。尤其值得注意的是,苏轼在黄州所写的七十九首词中,名篇之多,远非其他时期可比,黄州堪称苏词创作的巅峰时期。例如那首慷慨激烈的《念奴娇·赤壁怀古》:

大江东去,浪淘尽、千古风流人物。故垒

西边,人道是、三国周郎赤壁。乱石穿空,惊涛拍岸,卷起千堆雪。江山如画,一时多少豪杰!

遥想公瑾当年,小乔初嫁了,雄姿英发。羽扇纶巾,谈笑间、樯橹灰飞烟灭。故国神游,多情应笑我,早生华发。人生如梦,一樽还酹江月。

这不但是苏词的代表作,也是词史上前所未有的豪放词。可以毫不夸张地说,黄州的贬谪生涯使苏轼的人生观变得更加成熟,也使他的文学创作变得更加深沉,黄州堪称苏轼人生道路上最重要的一座里程碑。

元祐年间,苏轼还朝,升任翰林学士知制诰等要职,且曾三度担任幼君哲宗的侍读学士。此时高太后垂帘听政,新党失势。但是当旧党首领司马光要在一年之内全部废除新法时,苏轼又挺身而出表示反对,从而得罪了旧党中的许多权要,又被排挤出朝,先后在杭州、颍州(今安徽阜阳)、扬州任知州。元祐八年(1093),高太后逝世,哲宗亲政,新党卷土重来。苏轼于当年出任定州(今河北定县)知州,次年四月贬英州(今广东英德),在南迁途中再贬惠州。十月,苏轼到达惠州。此时,重掌朝政的新党对政敌的迫害变本加厉,苏轼在惠州的处境也比黄州更加艰难。况且他已是老病交加,岭南的气候又很难适应。到惠州的第三年,陪伴他多年的侍妾朝云染疾去世。苏轼好不容易在城外的白鹤峰上自建一所住宅,并将留在宜兴的两房儿孙都接来同住,准备长做惠州土著了,却突然被朝廷再度贬往海南的儋州。

绍圣四年(1097)六月,六十二岁的苏轼在幼子苏过的陪伴下,渡海前往儋州。儋州地处海南岛的西北角,气候炎热,冬季的海风却相当寒冷,山里林木阴翳,非雨即雾,是名副其实的瘴疠之地,中原人士一向视之为十去九不还的鬼门关。章惇等人把六十二岁的苏轼贬往儋州,其险恶用心路人皆知。儋州的贫穷落后更是超出了苏轼的想象,他写信给友人说:"此地食无肉,病无药,居无室,出无友,冬无炭,夏无寒泉。然亦未易悉数,大率皆无耳!"(《与程秀才三首》之一)除了"大率皆无"之外,儋州还有令中原人士头痛之极的困难,即风俗迥异,言语不通。苏轼用什么办法来抵御如此恶劣的气候与环境呢?他的精神武器就是旷达乐观的心态和坚毅刚强的意志,就是抽身一步天地宽的积极人生观。正因如此,苏轼在精神上始终处于居高临下的优势地位,他能傲视一切苦难。尽管章惇之流一心盼望着苏轼在海南的绝境中忧郁而卒,他却悠然自得地背着大瓢在田野

临李公麟画苏轼像

明·朱之蕃

故宫博物院藏

里边走边歌。苏轼在儋州完成了《易传》《书传》和《论语说》等三部著作,这是他平生学术思考的结晶。苏轼在海南的诗文也进入了新的境界,豪华落尽,平淡自然,其中尤以《和陶诗》最为显著。三年以后,尽管海南的瘴雨蛮风严重地损害了苏轼生理上的健康,北归途中的他已经面呈土色,鬓发尽脱,但是他在精神上依然健全刚强,依然是那个乐观旷达、潇洒自在的东坡居士。

岭海七年是苏轼生命中的最后一程,是最为艰难困苦的一个阶段,然而也是其生命之光最为辉煌灿烂的一个阶段。尽管苏轼也曾出入玉堂金马,但他在儋州时戴笠着屐的形象成为"东坡居士"永久的历史定格。所以"问汝平生功业,黄州惠州儋州"两句诗,如论仕途功名,当然是苏轼的自嘲。如论文学业绩和人生意义,则此语堪称对苏轼生平的确切评价。黄州时期使壮年的苏轼爆发出耀眼的生命火花,岭海时期则创造了余霞满天的晚年辉煌,这是中国文化史上的一大奇观。

二　面折廷争与万家忧乐

苏轼幼时,曾与其母程夫人一起读《后汉书》中的《范滂传》,读到范滂因反对宦官被捕、范母鼓励儿子从容就义的事迹,程夫人慨然长叹。年方十岁的苏轼问母亲:"轼若为滂,夫人亦许之否乎?"程夫人说:"汝能为滂,吾顾不能为滂母耶?"(见苏辙《亡兄子瞻端明墓志铭》)苏轼入仕后经常遇贬或放于外任,一生中真正在朝任职的时间总共只有八年零十一个月,但是他忠心耿耿,遇事敢言,往往奋不顾身地面折廷争,真正实现了儿时的誓言。

苏轼的政治思想与当时执掌朝政的王安石南辕北辙,两人互相讥评,苏轼指责王安石好为管仲、商鞅之术,王安石则批评苏轼之学出于战国纵横之家。平心而论,苏轼的话撕掉了王安石思想的外层包装而击中其要害,王安石的话却仅仅涉及苏轼学说的外表而未能中其肯綮。王安石精于经术,并以此妄自尊大,他的变法理论包装着一层儒家经术的外衣,新法的每个名目似乎都能从周礼古制中找到依据,其实质却是管仲、商鞅有关富国强兵的法家学说,苏轼对此了如指掌。其实苏轼并不反对革新朝政,早在嘉祐六年(1061),他就在应制举的策论中初步阐述了对于朝政的看法,既反对因循苟且,也反对急于求成而用"悍药毒石"来治病。这些策论虽然是为应制举考试而作,但它们的内容具有很强的现实意义,完全可以视为苏轼要求改革的政治纲领。苏轼认为要想消除"三冗""两积"的积弊,一定要汰除冗官,裁汰兵员,减省冗费,同时也要整顿吏治,训练军队,以达到革新政治、增强军队战斗力的目标。然而苏轼虽然要求革新,并希望通过革新来解除朝廷面临的困境,但他不主张采取急剧地变更法令的方法,他说:"苟不至于害民而不可不去者,皆不变也。"他认为变法一定要非常慎重,千万不可朝令夕改,否则的话,"虽得贤人千万,一日百变法,天下益不可治"。由此可见苏轼所主张的革新朝政的最终目的和具体手段都与王安石大异其趣,所以当宋神宗与王安石轰轰烈烈地变法时,力主改革的苏轼却表示坚决反对。熙宁二年(1069),正当新政如火如荼地急速推进时,苏轼接连上书,旗帜鲜明地反对轻易变法。在《上神宗皇帝书》中,他立起三面大旗:"结人心""厚风俗""存纪纲"。从表面上看,苏轼的言论与王安石的《上仁宗皇帝言事书》都是道、术并重的,但就其本质而言,则前者是基于儒家仁政爱民之道,后者却是基于法家富国强兵之术,泾渭分明,南辕北辙。苏轼的政治思想是以儒学为本的,其精髓就是仁政之说,这是他思考一切政治问题的出发点。苏轼的《上神宗皇帝书》,是他"思之经月,夜以继昼,表成复毁,至于再三"的心血结晶,堪称深思熟虑之计、披肝沥胆之言。清人顾炎武对此书大为赞叹:"当时论新法者多矣,未有若此之深切者。根本之言,人主所宜独观而三复也!"(《日知录》卷一三)可惜急于求成的神宗根本没有心思来"独观而三复"。

苏轼进谏的范围非常广泛,真正做到了知无不言、言无不尽。他在熙宁年间进谏的主要对象是新法,但对朝政的其他缺失也没有缄口不言。无论是新党执政的熙宁年间还是旧党执政的元祐时期,凡是与朝廷除弊兴利有关的事情,总能听到苏轼的声音。更加难能可贵的是,苏轼反对新法,完全是出于公心。当新法正在势不可挡地推进时,他力挽狂澜坚决反对。但一旦时移势异,新法遭到全面废除时,他又挺身而出呼吁保留其中的合理部分。元丰八年(1085),新党失势,司马光东山再起,就像当年王安石雷厉风行地推行新法一样,司马光也以同样的热情和效率废除新法。苏轼就在此时从黄州贬所回到朝廷,不久,他就公开反对司马光废除免役法。他认为"差役、免役各有利害",既然如今免役法已经施行近二十年,吏民都已习惯,就不妨保留免役法,只要革除其中的不合理部分即可。为此,苏轼惹得司马光怒不可遏。

从熙宁到元祐,新、旧两党此起彼伏,政局像棋局一样翻覆不定。当时的士大夫只要肯趋炎附势,或首鼠两端,猎取富贵就像探囊取物一般容易。聪明过人的苏轼对上述政治态势了然于胸,他完全明白只要自己在熙宁年间附和王安石的旨意,或在元祐初年唯司马光之马首是瞻,则荣华富贵可以立致,但是他偏偏反其道而行之。这种一心报国,只考虑国家利益而不计个人得失的精神,正是苏轼政治品质中最为耀眼的闪光点。苏轼以自身的行为实现了范仲淹、欧阳修等人革新士风的道德追求,若与混迹于新、旧两党以谋私利的吕惠卿、刘挚之流相比,或与遇事从不表态的"三旨相公"王珪相比,苏轼简直像是杜诗所说的"万古云霄一羽毛"(《咏怀古迹五首》之五)。正因如此,与二程一脉相承的朱熹虽因理学的门户之见而对苏轼多有讥评,但仍承认其气节过人:"东坡议论虽不能无偏颇,其气节直是有过人处!"(《朱

子语类》卷三五)

苏轼入仕以后,在外地任地方官的时间长达十三年半,他先后辗转于凤翔、杭州、密州、徐州、湖州、登州(今山东蓬莱)、杭州、颍州、扬州、定州等地,担任签判、通判、知州等职,其中时间最长的是凤翔签判,做满了整整三年的任期;时间最短的是登州知州,到任五天便奉命调离。后人来到东坡曾经为官的地方,看见到处铭刻着他的名章迥句,也许会误以为这位风流潇洒的大名士成天都在吟赏风月、品题山水,不知他其实是一位兢兢业业、勤于政事的循吏。苏轼每到一地,都要细致深入地调查民情风俗,访问民间疾苦,除弊兴利,政绩卓著,深受各地人民的爱戴。且看两例:

熙宁十年(1077),苏轼出知徐州,到任四个月后就遇上了历史上罕见的一场洪灾。因黄河泛滥,滔天的洪水直扑徐州城而来,几天之后,徐州城外的积水深达二丈八尺,水面高于城中平地一丈有余,与外城墙的顶端仅差数寸。苏轼临危不惧,他一边向父老请教以往抗洪的经验,一边火急征集民夫五千人,抢修堤坝,加固城墙。形势越来越危急,苏轼又不顾朝廷禁令,亲自去向驻扎在当地的禁军求援。在长达两个多月的抗洪斗争中,苏轼忧心如焚,日理万机,既要指挥军民抢险堵水,又要筹集粮款救济灾民,连从哪里取土来筑堤修城都使他绞尽脑汁。他昼夜不得休息,身披蓑衣,手拄木杖,东奔西走,指挥调度,夜里就在临时搭建在城头的草棚里打个盹,一连多日过家门而不入。直到两个月后,水势才开始减退。仁者必勇,苏轼正是以一颗仁者之心勇敢地承担了领导抗洪的重大责任。洪水退后,苏轼又考虑如何预防下一场洪水。他知道黄河每隔五六十年就会溃决一次,徐州地处汴河、泗河的下游,地势又相当低洼,如不未雨绸缪,难免再度受灾。第二年春天,苏轼便动工改修外城,并修缮新的防洪大堤。徐州的这场抗洪斗争,充分体现了苏轼临危不乱的大将风度和应对有方的行政才干,更体现了他以天下为己任的儒家风范。如果没有前一点,他就难以对付那场突如其来的迅猛洪灾。如果没有后一点,洪水既已退去,苏轼明知当时的官制规定地方长官的任期不得超过三年,在他的任期内绝对不会有第二次洪水了,又何必劳心焦思地筹措徐州防洪的百年大计?

元祐四年(1089)七月,苏轼出知杭州,此时距离他离开杭州已经整整十五年了。他上次在杭州担任通判,此次则身为独当一面的地方长官,心中既感慨又高兴。没想到刚到任便面临着灾难不断的严峻局势,先是稻米歉收,粮价飞涨,后又疾疫流行,人心惶惶。苏轼劳心焦思,采取各种措施调集粮食,平抑粮价。又捐出自己积蓄的五十两黄金,建立了一所"安乐坊",延请懂得医道的僧人坐堂治病,并熬制名为"圣散子"的防疫汤剂免费发放给百姓,终于成功地遏制了疾疫的流行。苏轼在杭州任上最大的政绩是兴修水利,这是一个包括修缮水井以及疏浚运河和西湖的系统水利工程,其中对西湖的疏浚一直垂惠至今。苏轼一上任便发现西湖隐患丛生。原来西湖的水源不足,又极易滋生葑草,堆积淤泥,形成大片的葑田。苏轼急百姓之所急,上任不久便千方百计筹措经费,调集人力,来铲除葑草,挖掘淤泥。然而湖面的葑田面积已达二十五万方丈,淤泥更是不计其数,这么多的葑草和淤泥又如何处置呢?苏轼为此绞尽脑汁,终于想出一个两全之策。原来西湖上原有一道自东至西的白堤,但是南北向却无堤。于是他下令用葑草和淤泥在湖中新筑一道由南往北的长堤,变废为宝,而且就地取材,省去了运输之劳。为了更好地指挥工程,苏轼干脆在钱塘门外的石佛院里设立了临时办公处,每天都亲临工地进行督察。四个月后,一道新堤便如长龙卧波般出现在湖上。此堤长八百八十丈,宽五丈,它南起南屏山,北至栖霞岭,堤上建有六座石桥,让湖水在桥下自由流动。又建有九座凉亭，便于行人歇脚、避雨。堤上遍植杨柳和芙蓉，一则美观，二则利用树根巩固堤岸。竣工那天，杭州的百姓倾城而至，叹为观止。浚湖大功告成后，苏轼又开始谋划如何使西湖长期保持清澈。他听从属吏的建议，下令把原来的葑田全部改成菱荡，租给湖边的农民种菱。越人种菱，每年春天都要把水中的藻荇杂草芟除得寸草不留，然后才能下种。这样，葑草的危害就能彻底根除了。苏轼制订了严密的计划，只让农民在湖边易生葑草的区域内除草种菱，不得侵占主要的湖面，为了便于人们识别边界，还在湖中竖立了几座小石塔，明令禁止在石塔内侧的湖心种菱。时过九百年，西湖里还保留着三座石塔，就是"三潭印月"。经过一番苦心经营，西湖又恢复了往昔的美丽。苏轼离任后，新任知州把湖中新堤命名为"苏公堤"，后人简称为"苏堤"，直至如今。

苏轼在地方官任上的所作所为，充分说明他对儒家的仁政学说不但衷心服膺，而且身体力行。他将儒学的精神贯彻在日用人伦之中，他忧与民同，乐与民同，他最关心的不是自己的政绩，而是百姓的安居乐业。即使当他以罪官的身份生活在贬谪之地时，当地百姓的疾苦依然使他不能释怀，他仍然主动为地方上做一些力所能

三潭印月轴

清·董邦达
台北故宫博物院藏

及的事情。南宋诗人陆游说:"身为野老已无责,路有流民终动心。"(《春日杂兴》)作为不在其位的士人,只要心中有这样一份关怀也就足以称道了。可是苏轼却进而向当地官府献计献策,甚至亲自参与地方上的公益事务,仿佛他对当地的百姓依然负有不可推卸的责任。对于苏轼来说,儒家的仁政思想已经成为沦肌浃髓的自觉信念,为百姓解除疾苦已经成为他的本能行为,他在地方官任上的责任感一直延伸到解职之后。当苏轼贬至岭南时,他已经处于自顾不暇的窘境,一举一动都会引起朝中政敌的疑忌,他依然毫不迟疑地为当地百姓的福祉尽心尽力。南宋人费衮历数苏轼在惠州参与的各项公益事务后赞扬说:"凡此等事,多涉官政,亦易指以为恩怨。而坡奋然行之不疑,其勇于为义如此!谪居尚尔,则立朝之际,其可以死生祸福动之哉!"(《梁溪漫志》卷四)的确,东坡对儒家仁爱精神的贯彻发扬,真可谓"造次必于是,颠沛必于是"(《论语·里仁》)。仁者必勇,真正服膺仁爱思想的人必然会奋不顾身地付诸实践,苏轼就是一个杰出的典型。

三 热爱人生与奋发有为

苏轼在政治与学术等方面都有杰出的建树,即使他只是一位政治家或学者,也足以名垂青史了。然而文学与艺术才是苏轼充分发挥其巨大创造力的广阔天地。如果把文学与艺术两方面的成就综合起来予以考察的话,苏轼堪称千古独步,整个中国文化史上没有第二个人可以与他并驾齐驱。在古文方面,苏轼是"唐宋八大家"之一,实为宋代最杰出的古文家。在诗歌方面,他在北宋诗坛上与黄庭坚齐名,在整个宋代则与陆游齐名,堪称宋代最大的诗人。在词的方面,他与辛弃疾并称"苏辛",是宋词最高成就的代表。在书法方面,苏轼与黄庭坚、米芾、蔡襄并称宋四家。在绘画方面,苏轼的墨竹及枯木怪石在绘画史上享有盛名,他还是文人画的开创者。是什么原因使苏轼得以一人之身在这么多的艺术领域内登峰造极?毫无疑问,苏轼的成就得益于其与生俱来的过人才华。相传在他呱呱落地时,家乡的彭老山上的草木忽然全部枯死,直到他死后才重现苍翠。难

潇湘竹石图　北宋·苏轼　中国美术馆藏

怪李廌在哀悼苏轼的疏文中说："名山大川,还千古英灵之气。"(见朱弁《曲洧旧闻》卷五)然而,更重要的原因则在于苏轼后天的努力:他热爱人生、珍惜光阴,从而以迥然不群的勤奋精神对待人生,才能如此奋发有为。

苏轼热爱人生,他在词中说："我欲乘风归去,又恐琼楼玉宇,高处不胜寒。起舞弄清影,何似在人间!"(《水调歌头》)据说宋神宗读后说"苏轼终是爱君"[1],这恐怕是自作多情。其实苏轼的意思不是爱君,而是热爱

---

[1] 见鮦阳居士《复雅歌词》,载祝穆《新编古今事文类聚·前集》卷十一,(日)中文出版社1989年版,第139页。

人间。苏轼把情看作人类最根本的自然属性,在他的人生价值体系中,情感具有最基本、最重要的本体论的意义。在苏轼看来,政治理想也好,人伦道德也好,都应根于人情,而不应违背人情。他认为儒家经典都是本于人情的,他在《中庸论》中说:"圣人之道,自本而观之,则皆出于人情。"苏轼性情忠厚,胸襟开阔,性格坦荡,他总是以善良的眼光去看待别人,与三教九流都有交往,自称上可以陪玉皇大帝,下可以陪悲田院中的乞丐。的确,上至达官贵人,下至平头百姓,苏轼都能与他们推心置腹。近在京畿都邑,远至天涯海角,苏轼的交游遍布天下。文同比苏轼年长十八岁,米芾比苏轼年轻十四岁,他们都与苏轼结成忘年之交。刘景文出身将门,释道潜身为衲子,他们都与苏轼成为生死之交。苏轼还交了一大群平民朋友,例如黄州的市井小民潘丙、古耕道,儋州的黎族老乡黎子云、符林,有姓名可考的就有十多人。苏轼曾在儋州的集市上偶遇一个进城卖柴的黎族山民,两人言语不通,却用手势热切地交谈了一番,山民还将一块木棉布赠给苏轼以御海风之寒。苏轼非常感动,特作《和陶拟古》一首以纪其事。即使是对政敌,苏轼也以忠厚之心待之。章惇本是苏轼的进士同年,交好多年。但绍圣年间章惇登上相位后,迫害苏轼无所不用其极。几年后形势突变,苏轼遇赦北归,章惇却被贬南行。当章惇之子章援代父向苏轼求援时,苏轼不念旧恶,好言抚慰,而且亲书"白术方"一道让章惇服用以求延年。忠厚诚笃的天性使苏轼对现实人间充满了热爱,从而对虚幻的彼岸世界不存幻想:"仙山与佛国,终恐无是处!"(《和陶神释》)

热爱人生的人必然热爱生活,苏轼就是这样,他善于享受日常生活的各种乐趣,即使是平凡简朴的生活,他也觉得滋味无穷。无论是珍馐奇肴还是普通的食品,苏轼都会津津有味地品尝,还时时著于诗文公诸同好。古今诗人题咏食品既多且好者,苏轼堪称是第一人。儒家本来并不排斥物质享受,但他们更注重在箪食瓢饮的简朴生活中自得其乐,这就是后儒赞叹不已的"孔颜乐处"。苏轼继承了这种精神,但又与孔、颜同中有异。孔子与颜回以"固穷"的心态对待简朴乃至贫困的生活,是出于对自身道德人格的自信,有时甚至是出于对导致其穷困简朴生活的外在环境的抗争,苏轼在遭受政治迫害而贬逐蛮荒时也有类似的心态,但更多的时候却是出于对简朴生活自身的热爱,他常常以一种近于审美愉悦的态度去拥抱生活,他对平凡、简朴的物质生活倾注了更多的感情。所以苏轼的心态更加平和,更加真诚,也更加贴近普通人的切身感受。他从普普通通的日常生活中获得幸福感,还发现了美感和诗意。苏轼谪居海南,有时米粮匮乏,幼子苏过就用山芋做成一道"玉糁羹",东坡赞美说:"天上酥陀则不可知,人间决无此味也!"(《过子忽出新意,以山芋作玉糁羹,色香味皆奇绝》)苏轼在海南曾自制一个尖顶的"椰子冠",写信告诉弟弟说:"更著短檐高屋帽,东坡何事不违时!"(《次韵子由·椰子冠》)一味由苏过用山芋做成的羹汤,一顶由苏轼亲手用椰子壳做成的帽子,都是再平常不过的物品,可是在苏轼的笔下,它们是多么美好,多么深情绵邈!

当然,苏轼一生中遭遇了太多的挫折和磨难,曾多次流露过"人生如梦"的幻灭感。李泽厚认为这是"对整个人生、世上的纷纷扰扰究竟有何目的和意义这个根本问题的怀疑、厌倦和企求解脱与舍弃"[1],这是见木而不见林的误读。要是果真怀疑人生的意义,果真对人生感到厌倦,苏轼怎么可能在黄州、惠州、儋州的险恶环境中走完整个人生? 他怎么能够在政治、学术、文学、艺术、工艺等方面作出那么巨大的贡献? 他又怎么可能在

---

[1] 李泽厚《美的历程》,中国社会科学出版社1989年版,第153页。

临终前仍然神志清醒地拒绝西天佛国的引诱?

苏轼在《易传》中阐释"天行健,君子以自强不息"一句说:"夫天岂以刚故能健哉?以不息故健也。流水不腐,用器不蛊。故君子庄敬日强,安肆日媮。强则日长,媮则日消。"这几句话是他终身遵循的座右铭,他正是以"自强不息"的积极态度来对待人生的。苏轼一生中无论在朝在野,也无论顺境逆境,他总是脚踏实地地从事实践,从不沉溺于无所事事的虚无缥缈之境。苏轼对待各家的学说兼收并蓄,但尤其重视切合实际、有益于世事的理论,反对谈空说有的清谈。苏轼任杭州通判时,与知州陈述古都爱好禅学,但苏轼只取禅学中有益于人生修养的内容,陈述古却专喜那些玄妙虚空的禅理,两人格格不入。苏轼日后回忆这段往事说:"往时陈述古好论禅,自以为至矣。而鄙仆所言为浅陋。仆尝语述古:'公之所谈,譬之饮食,龙肉也。而仆之所学,猪肉也。猪之与龙,则有间矣。然公终日说龙肉,不如仆之食猪肉实美而真饱也!'"(《答毕仲举》)他认为与其空谈子虚乌有的龙肉,不如饱吃实实在在的猪肉,也就是说与其沉溺于玄虚奥妙而不切实际的高论,不如掌握浅显而实用的学说并付诸实践。重视实践者必然会主张勤恪而反对懒散,苏轼又说:"学佛老者,本期于静而达,静似懒,达似放,学者或未至其所期,而先得其所似,不为无害。仆常以此自疑,故亦以为献。"(《答毕仲举》)正因对佛、道两家的流弊保持着足够的警惕,所以尽管与僧人、道士有亲密无间的交往,尽管对佛经、道藏有广泛的涉猎,苏轼却很少受到消极的影响,那种在习禅学道之士身上容易产生的懒散、放逸等缺点在他的行为中不见踪影。不必说在徐州城头浑身泥浆地指挥抗洪或在西湖筑堤工地上与民工同食陈仓米饭的知州,即使作为安坐在翰林院里待诏草制的学士或是栖身于不避风雨的桄榔庵里的逐客,苏轼也始终勤勉地对待人生,从不虚度光阴。古代的文人往往鄙薄生产劳动,甚至把有益的技术发明也视为奇技淫巧而不屑一顾。苏轼则与众不同。作为书画家的他不但对笔墨纸砚的制造工艺了如指掌,而且曾亲自动手制墨。作为地方官的他不但关心农业生产,对水利、灭蝗、农具、良种等技术孜孜以求,热心推广,而且对开矿、冶炼等工业技术也留意研求,以求有利于民生。至于日常生活中的各种技艺,诸如医药、酿酒、烹饪、服装等,苏轼简直是无一不精,且多有发明。当时在汴京城中流行一时的"子瞻帽",至今脍炙人口的"东坡肉",都是显例。苏轼一生中留下的学术著作、文学作品以及书画作品,其数量之多,质量之高,

秉烛夜游图
南宋·马麟
台北故宫博物院藏

都达到了惊人的程度。如果不是惜时如金的话,他怎么可能在短短的一生中做出如此巨大的贡献?元符三年(1100)冬,苏轼北归行至曲江,一叶扁舟在湍急的江水中搁浅在沙滩上,四顾都是浪涛,他却神色自若地在舟中写字。他自述其心态说:"吾更变亦多矣,置笔而起,终不能一事,孰与且作字乎?"(《书舟中作字》)此事不但体现了东坡处变不惊的度量,而且体现了他自强不息的精神。次年五月,苏轼返至金陵,即写信给程之元,请他代购程奕所制的毛笔一百枝、越州纸二千幅。此时的苏轼老病交加,已经走到人生的最后关头,但他依然规划了巨大的工作量,要不是在两个月后遽然辞世,他不知还要创作出多少书画作品来!

在漫长的中国历史上,生前做出重大建树、身后受到广泛爱戴的杰出文化人物不在少数,但如果把雅俗共赏、妇孺皆知作为衡量标准的话,苏轼堪称古今第一人。当我们漫步在苏堤上观赏那碧波荡漾的西湖时,当我们品尝肥而不腻、入口即化的东坡肉时,当然会联想起天才横溢的东坡老人。这些物质形态的遗产诚然可贵,但是苏轼留给我们的最宝贵的遗产还是体现为精神形态的思想文化。他给后人留下了数量惊人的文学作品和书画作品,是我们获得心灵滋润和审美熏陶的不竭源泉。苏轼的各类作品内容丰富,风格则多姿多彩,他们是作者丰富的人生经历和巨大的创造活动的结晶。正因如此,后人对苏轼的成就冠以"苏海"的称号。南宋人李涂在《文章精义》中评诸家古文说:"韩如海,柳如泉,欧如澜,苏如潮。"明末吴伟业对此不以为然,他为其师张溥所编的苏轼文集作序说:"李耆卿评文有云:'韩如海,柳如泉,欧如澜,苏如潮。'非确论也,请易之曰:'韩如潮,欧如澜,柳如江,苏其如海乎!'夫观至于海,宇宙第一之大观也!"(《苏长公文集序》)事实上苏轼这个人也像大海一样气象万千,他以奋发有为的积极精神度过了波澜壮阔的人生。

四 一蓑烟雨任平生

苏轼一生中经受的磨难可谓多矣！他曾感慨万分地说："退之诗云：'我生之辰，月宿直斗。'乃知退之得磨蝎为身宫，而仆乃以磨蝎为命宫，平生多得谤誉，殆是同病也。"（《书退之诗》）南宋的葛立方因而慨叹说："则是东坡亦磨蝎为身宫，而乃云磨蝎为命，岂非身与命同宫乎？寻常算五星者，以谓命宫灾福，不及身宫之重。东坡以身、命同宫，故谤誉尤重于退之。职銮坡而代言，犯鲸波而远谪，退之之荣悴，未至如是也！"（《韵语阳秋》卷一七）古人以出生时月亮所在的宫位为"身宫"，以上升星座为"命宫"，而磨蝎座向被认为是"主得谤誉"的星座，苏轼身、命两宫俱值磨蝎，当然会遭受到比韩愈更多的诽谤与磨难。然而苏轼一生中心情忧伤哀怨的时候并不太多，他更多地以一副乐观、愉快的面容出现于世人面前，以至于林语堂把自己写的苏轼传记题作"一位愉快的天才"（The Gay Genius），这又是什么原因呢？

第五章 居士苏轼

苏轼性格平和,恬于荣利。他二十六岁初入仕途,离开汴京赶赴凤翔任所,在郑州西门外与弟弟苏辙挥泪告别,想起兄弟俩去年在夜雨潇潇的怀远驿里立下的及早退隐的誓约,便写诗嘱咐弟弟:"寒灯相对记畴昔,夜雨何时听萧瑟。君知此意不可忘,慎莫苦爱高官职!"(《辛丑年十一月十九日既与子由别于郑州西门之外马上赋诗一篇寄之》)一个两度金榜题名的风华正茂的青年,一个初入仕途且前程似锦的官员,却叮咛弟弟千万不要贪恋高官厚禄,这是何等高洁的情怀!当然苏轼平生不是没有经历过荣华富贵,他青春入仕,元祐初返朝后更是春风得意。元祐三年(1088)的一个傍晚,高太后把正在翰林院值班的苏轼召至内殿,抚慰再三。谈话结束,高太后命左右把御前的金莲烛取下来,护送苏轼返回翰林院。对于一个文臣而言,位至翰林学士知制诰,兼任迩英殿讲读,又得到垂帘听政的太后如此的恩宠,可谓尊荣已极。然而苏轼视荣华富贵如天上浮云,所以他以平淡、从容的心态看待官职的升迁或黜降,真正做到了得何足喜,失何足忧?半年以后,苏轼就上书请求外任,这当然与受到政敌攻讦有关,但也是他视富贵如浮云的一种表现。要是换了"三旨相公"王珪之流,即使满朝上下齐声反对,也断然不肯主动辞职。十年以后,苏轼已被贬至海南的儋州。一天他背着一个大瓢,在田野里边走边歌,忽然遇到一个老婆婆,她说:"内翰昔日富贵,都是一场春梦!"苏轼听了哈哈大笑,认为她说得很对,从此称她为"春梦婆"。[1]对于苏轼来说,富贵荣华本如过眼烟云,不过是转瞬即逝的一种人生体验而已,有什么特别可贵的价值?当年高太后的恩遇分明是想用高官厚禄来鼓励苏轼为朝廷出力,岂知苏轼虽然忠于朝廷,但高官厚禄对他并无吸引力。后人纷纷称道高太后对苏轼的知遇之恩,其实"春梦婆"才是他的真正知音!

可惜的是,命运没有满足苏轼急流勇退、早日归耕的愿望,宋代的政治环境已经不允许陶渊明的存在了。险恶的政治风波先是将苏轼投入牢狱,然后又接二连三地将他抛到贬谪之地。从长江边的黄州,到南海边的惠州,再到海南岛的儋州,地方越来越僻远,也越来越荒凉。苏轼在贬谪地先后度过了九年零十个月,比他在朝中任职的时间还要多一年。那么,如此漫长的贬谪生涯,

---

[1] 赵令畤《侯鲭录》卷七记载此事云:"里人呼此媪为春梦婆。"但苏诗有句云"换扇惟逢春梦婆"(《被酒独行遍至子云威徽先觉四黎之舍三首》之三),可见苏轼亦以此名呼之。

苏轼是如何打发的呢？他怎么能在如此艰难乃至险恶的环境中生存下来的呢？

后人说到苏轼的贬谪生涯，往往简单地归因于其旷达性格。仿佛苏轼对于苦难毫不在意，仿佛只要有了旷达的性格，一切艰难困苦便会消失得无影无踪，这是对苏轼的极度误解。事实上苏轼在苦难突然降临时也曾措手不及，元丰二年（1079）七月二十九日的夜晚，正被钦差押往汴京的苏轼在舟过扬子江时曾动过投江自尽的念头[1]。进了御史台的监狱，在日夜不休地逼供的折磨下，苏轼也曾暗中积储金青丹以备在受辱不过时吞服自尽。他还在狱中写过两首绝命诗，语意沉痛，不可卒读。即使出狱后到了黄州，苏轼也饱尝苦闷、孤独的滋味。元丰五年（1082）的寒食，苏轼作《寒食雨二首》，其二云：

> 春江欲入户，雨势来不已。小屋如渔舟，濛濛水云里。空庖煮寒菜，破灶烧湿苇。那知是寒食，但见乌衔纸。君门深九重，坟墓在万

[1] 详见《杭州召还乞郡状》，《苏轼文集》卷三二，中华书局1986年版，第912页。按：孔平仲《孔氏谈苑》卷一记载此事发生在舟过太湖时，当是出于传闻。

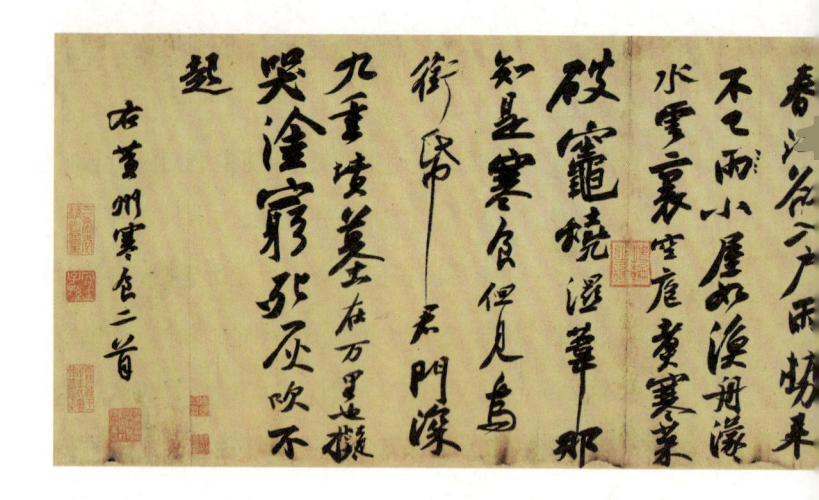

里。也拟哭途穷，死灰吹不起。

苏轼自嗟进退两难，他的处境比穷途痛哭的阮籍更加不堪，他的心情比那寒雨霏霏的天气更加阴沉、凄冷。此诗的手稿被后人誉为"天下第三行书"，其字迹忽大忽小，有两笔长竖的长度超乎寻常，字里行间分明渗透着抑郁、牢骚与悲怆，哪里有什么旷达可言！

　　苏轼在贬谪生涯中能够坚持到最后，最重要的原因是他的道德修养和淑世情怀。刚毅近仁，仁者必刚，高尚的道德修养和深挚的淑世情怀使苏轼具有一副铁石

第五章 居士苏轼

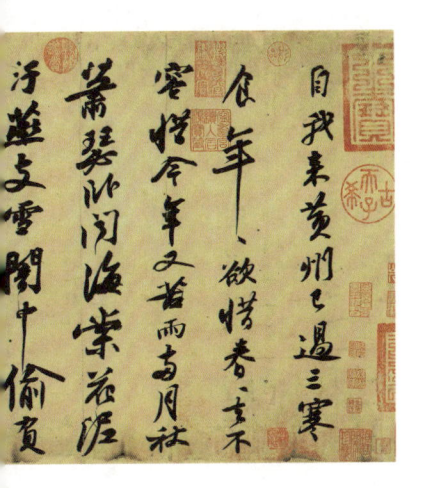

黄州寒食帖
北宋·苏轼
台北故宫博物院藏

心肠。他在黄州写给友人的信中自称："平生为道，专以待外物之变。非意之来，正须理遣耳！"（《与滕达道》之二十）可见乌台诗案虽然来得非常突然，但东坡的内心却早已储备了足以应对各种灾祸的精神力量。东坡刚到黄州时，好友李常来信安慰其不幸遭遇，东坡在回信中自表心迹说："示及新诗，皆有远别惘然之意，虽兄之爱我厚，然仆本以铁石心肠待公，何乃尔耶？吾侪虽老且穷，而道理贯心肝，忠义填骨髓，直须谈笑于死生之际。若见仆困穷，便相于邑，则与不学道者大不相远矣。兄造道深，中必不尔，出于相好之笃而已。然朋友之意，专务规谏，辄以狂言广兄之意尔。兄虽怀坎壈于时，遇事有可尊主泽民者，便忘躯为之，祸福得丧，付与造物！"（《与李公择》之十一）正因具有如此心胸，苏轼才能在艰难困苦的窘境中保持乐观旷达的潇洒风神，旷达仅为其表，坚毅才是其里。

苏轼在黄州惊魂初定之后，便开始规划久留之计。他想买一块好地，来为全家人提供衣食。元丰五年（1082）三月七日，苏轼在几个友人的陪同下到沙湖去相田。出门时天色阴沉，苏轼让家僮带了雨具先行一步，不久风雨骤至，友人都被淋得狼狈不堪，只有苏轼毫无惧色，一边吟啸，一边徐步前行。待到下午踏上归途时，业已雨散云收，斜阳复出。苏轼此行没有买成田，但是催生了一首《定风波》：

莫听穿林打叶声，何妨吟啸且徐行。竹杖芒鞋轻胜马，谁怕？一蓑烟雨任平生。

料峭春风吹酒醒，微冷，山头斜照却相迎。回首向来萧瑟处，归去，也无风雨也无晴。

如果说风雨是坎坷人生的象征，晴朗是通达人生的象征，那么"也无风雨也无晴"就意味着平平淡淡的人生，也意味着平和、淡泊、安详、从容的君子人格。经历过玉堂金马的荣耀和锒铛入狱的耻辱,又在黄州的躬耕生涯中备尝生活艰辛的东坡居士已经炼就一种宠辱不惊、履险如夷的人生态度,不期而至的雨丝风片,又能奈他何?

苏轼的旷达性格,是在苦难经历中逐步磨炼而成的。他在黄州时尚不免苦闷、悲愤,即使面对着江山风月都有"悄然而悲,肃然而恐"(《后赤壁赋》)之感。待到谪居惠州,便已炼成金刚不坏之躯了。苏轼在惠州、儋州的生活细节,生动地展现出他的心路历程。他在惠州曾寄寓于嘉祐寺,在半山上的松风亭里安身。一次他外出归来,双腿酸软,很想到亭子里休息。但抬头仰望,松风亭还在树梢之上,不禁发愁何时才能走到。忽然他换了一种思路,顿时烦恼全消。他在《记游松风亭》中记其心态:

> 余尝寓居惠州嘉祐寺,纵步松风亭下。足力疲乏,思欲就床止息。仰望亭宇,尚在木末,意谓如何得到?良久,忽曰:"此间有甚么歇不得处?"由是心如挂钩之鱼,忽得解脱。若人悟此,虽两阵相接,鼓声如雷霆,进则死敌,退

诗意人生

后赤壁赋图（局部）　南宋·马和之　故宫博物院藏

则死法,当恁么时,也不妨熟歇。

是啊,一切目标都是人们自己制定的,一切禁忌都是人们自己设置的,人们所以会焦虑、烦恼、忧伤、悲痛,都是由于他们把目标和禁忌看作固定的、僵死的、绝对不可更改的,因此自寻烦恼。假如认识到目标和禁忌都是可以改变的,那么解铃自有系铃人,任何困难都会迎刃而解,任何烦恼也就一扫而空了。到达海南以后,苏轼的旷达性格又有进一步的发展。试看他在元符元年（1098）写的《试笔自书》:

吾始至南海，环视天水无际，凄然伤之，曰："何时得出此岛耶？"已而思之，天地在积水中，九州在大瀛海中，中国在少海中，有生孰不在岛者？覆盆水于地，芥浮于水，蚁附于芥，茫然不知所济。少焉水涸，蚁径去，见其类，出涕曰："几不复与子相见！岂知俯仰之间，有方轨八达之路乎？"念此可以一笑。

若把两篇短文对照一下，就可看出苏轼对待逆境的态度在原有的基础上又有了提升。他在前往松风亭的途中停下歇息,是出于随遇而安的态度,也就是安于目前情境的客观存在。而他在海岛上摆脱忧伤心境的方法却是跳出目前情境的有限范围,置身于更广阔的时空背景来考察它,也就是以一种超越的心态来对待眼下的困境。正因如此,苏轼就在精神上始终处于居高临下的优势地位,他就能傲视一切苦难。所以苏轼用来战胜"大率皆无"的恶劣处境的精神武器就是坚毅刚强的意志和旷达乐观的心态,就是抽身一步天地宽的积极人生观。

以坚毅为底,以旷达为表,苏轼在惠州、儋州时把这种人生观发展到了极致。在旁人看来,此时的他身陷绝境:已臻垂暮之年,却以戴罪之身远贬南荒,不但还朝无望、返乡无期,而且家人也离散在万里之外。……凡此种种,人何以堪?但在苏轼看来,上述的种种烦恼都不足挂齿。绍圣二年(1095),他写信向友人叙述自己在惠州的生活:

> 某到贬所半年,凡百粗遣,更不能细说。大略只似灵隐天竺和尚退院后,却住一个小村院子,折足铛中罨糙米饭吃,便过一生也得。其余瘴疠病人,北方何尝不病?是病皆死得

人,何必瘴气？但苦无医药,京师国医手里死汉尤多。参寥闻此一笑,当不复忧我也。

苏轼的这种生活态度的精神本质是什么？是什么思想源泉赋予他坚不可摧的精神力量？对此,人们众说纷纭:儒家、道家、佛家,或三教兼融。苏轼确实对儒、道、佛三家思想都曾汲取其精华为我所用,但他在兼收并蓄的基础上更进一步,从而创造了独特的人生观。道家鄙薄物质而独重精神,主张摆脱对物质世界的依赖。佛家本有禁欲主义的色彩,倡导对红尘世界中的物质享受无动于衷的精神。儒家虽然不摒弃精致的物质生活,但他们极端鄙视不符合道义的富贵荣华,崇尚"饭疏食,饮水,曲肱而枕之"(《论语·述而》)的俭朴生活,主张以"君子固穷"(《论语·卫灵公》)的态度对待人生中的困境。苏轼对上述思想都有所汲取,但又渗入了他自己对生活的独特领悟。苏轼并不反对美好的衣食,要是惠州市井能买到上好的羊肉,他肯定也会大快朵颐。但是在没有羊肉可吃的实际环境中,从羊脊骨上剔下来的一点"微肉"也能使他津津有味,以至于"终日抉剔,得铢两于肯綮之间,意甚喜之,如食蟹螯"(《与子由弟》)。东坡并不泯灭物体间的差别,但是他善于发现各种事物的异量之美，且能取其长而弃其短，所以在他看来，岭南、中原各有所长，居于中原不必欢欣，居于岭南也无需悲伤。更重要的是，苏轼有意忽略物质条件的差异不仅仅是为了避免忧能伤人的恶果，也不仅仅出于对"士有志于道而耻恶衣恶食者，未足与议也"（《论语·里仁》）的儒家信念的认同。由于苏轼所遭受的艰难困苦全都来源于政敌的迫害，他的漠视苦难就意味着对黑暗势力的蔑视，他的安贫乐道就意味着对自身人格精神的坚持。绍圣三年（1096）八月，苏轼在惠州的生涯已进入第三年，此时他的红颜知己朝云刚刚去世，他的处境简直是雪上加霜。可是当友人章质夫来信表示慰问时，苏轼却回答说："数日前，飓风淫雨继作，寓居墙穿屋漏，草市已在水底，蔬肉皆缺。方振履而歌商颂，书生强项类如此，想闻此当捧腹掀髯一绝倒也！"（《与章质夫》）相传曾参居卫，"捉衿而肘见，纳履而踵决，曳縰而歌商颂，声满天地，若出金石"（《庄子·让王》）。东汉时洛阳令董宣不畏强暴，坚决不向纵奴作恶的湖阳公主俯首，被光武帝称为"强项令"。苏轼用此二典，表示自己坚强不屈的意志。"书生强项"，就是他直面苦难而发出的战斗的宣言。"掀髯绝倒"，就是他傲视苦难而发出的骄傲的笑声。

苏轼的这种心态，连他的政敌都有所了解。绍圣四年(1097)，苏轼在惠州写了一首《纵笔》：

> 白头萧散满霜风，小阁藤床寄病容。报道先生春睡美，道人轻打五更钟。

此诗传到汴京，章惇发怒说："苏子瞻竟还如此快活！"立即下令把苏轼贬往天涯海角的儋州。可见苏轼的乐观旷达其实是以刚毅坚韧为内核的，他在逆境中发出的爽朗笑声其实是对政治迫害的严正抗争。这种傲视苦难的笑声中当然包含着幽默感，但其精神内蕴却是对黑暗势力的不屈和反抗，所以幽默中蕴含着严肃的态度，潇洒中蕴含着执着的追求。这种笑声是苏轼心态的真实流露，章惇气急败坏地把苏轼再贬海南，他确实听出了苏轼笑声中的含意。苏轼的弟子黄庭坚说："子瞻谪岭南，时宰欲杀之。饱吃惠州饭，细和渊明诗。"(《跋子瞻和陶诗》)他更加深刻地领会了苏轼笑声的意义。

苏轼的人生，既充满了苦难，也洋溢着诗意。苏轼一生中历尽坎坷，阅尽沧桑，既遭遇了宦海中的大起大落，也经历了人事上的悲欢离合。他以宠辱不惊、从容淡定的心态对待人生中的一切变故,以坚忍不拔、乐观旷达的精神对待人生中的一切苦难。苏轼既以文采风流流芳百世,也以人格精神光耀青史。苏轼面折廷争的凛然风节、勤政爱民的仁爱胸怀受到后人的高度崇敬,他在艰难处境中所凸现的坚强刚毅、乐观潇洒的精神更使后人由衷钦佩。人生在世,谁都难免不期而遇的风风雨雨。让我们像苏轼一样"一蓑烟雨任平生"吧!

推荐读物：

1. 张志烈、马德富、周裕锴主编《苏轼全集校注》，河北人民出版社2010年版
2. 王水照、朱刚《苏轼评传》，南京大学出版社2004年版
3. 莫砺锋《漫话东坡》，凤凰出版社2023年版

第六章

侠士辛弃疾

他的性格中没有丝毫的柔弱,他胸中的壮志豪情倾泻而出,形成长短句六百余首,以黄钟大吕之音在词坛上异军突起,终于使铁板铜琶的雄豪歌声响彻词史。

辛弃疾雕塑
山东博物馆

道男儿到死心如铁。看试手，补天裂。

一　却将万字平戎策，换得东家种树书

南宋绍兴十年(1140)，辛弃疾出生于山东济南。此时上距靖康事变已经十三年，宋、金隔着淮河对峙的局势也已维持了十年。辛弃疾虽然出生在金人占领的地区，但他自幼接受祖父辛赞爱国思想的熏陶，始终把南宋视为自己的祖国。辛赞其人，在靖康事变时因家口之累未能脱身南奔，后来被迫接受了金国的伪职，但内心始终忠于宋朝，盼望着有机会为恢复故国出力。他经常带着年幼的辛弃疾登高望远，指点江山，还曾让辛弃疾两度北上燕京，观察形势。辛弃疾幼时不但诵习经典，撰写诗文，而且熟读兵书，苦练武艺。辛弃疾就在这种特殊的环境中成长起来了，他绝非宋代文坛上常见的手无缚鸡之力的文弱书生，而是一位肤硕体壮，颊红眼青，目光有棱的壮士。

绍兴末年，金主完颜亮为了南下攻宋，对中原地区横征暴敛，残酷镇压。河北、山东一带的汉族人民早就苦于金人的残暴统治，大大小小的抗金起义从靖康以来从未中断，此时更是风起云涌，烽烟遍地，其中以济南耿京率领的

义军规模最大,号称二十五万人。二十二岁的辛弃疾也聚众两千人,投奔耿京。耿京的义军本以农民为主,如今来了一位青年文士,喜出望外,任命辛弃疾为掌书记。当时有一个名叫义端的和尚,自行纠合千余人起义反金。经辛弃疾的劝告,义端率众前来归附耿京。不久义端萌生异心,从辛弃疾处窃取军印,逃往金营。事发后辛弃疾亲自追赶,生擒义端并当场斩首,夺回军印。"掌书记"的职责本是掌管书檄文告,然而辛弃疾不但能下马草檄,而且能上马杀贼。不久,辛弃疾力劝耿京归附南宋朝廷。耿京听从其言,便命辛弃疾起草章表,并派副将贾瑞南下接洽,辛弃疾随行。次年正月,贾、辛等人到达建康(今江苏南京)觐见正在那里视师的宋高宗,完成使命后即返回山东。不料才到半途,便传来了不幸的消息。原来新近登基的金世宗采取措施瓦解各路反金义军,耿京已被其裨将张安国杀害,其麾下义军也已溃散大半。在此紧急关头,辛弃疾亲率骑兵五十人,深入金境六百里,直奔张安国所在的济州,乘其不备直入其五万人的大营,生擒张安国系于马上,当场号召耿京的部分旧部反正,然后星夜兼程,渡过淮河、长江,直抵临安(今浙江杭州),献俘于朝廷而戮之。这段战斗生活给辛弃疾留下了深刻的记忆:"壮岁旌旗拥万夫,锦襜突骑渡江初。燕兵夜娖银胡䩮,汉箭朝飞金仆姑。"(《鹧鸪天》)

多年之后,洪迈仍赞之曰:"壮声英概,懦士为之兴起!"(《稼轩记》)

南归之后,辛弃疾被任命为江阴军(今江苏江阴)签判,开始了仕途生涯。不久,宋高宗内禅,孝宗继位。孝宗有恢复之志,登基后即任主战派张浚为枢密使,都督江淮东西路军马。辛弃疾闻之,冒昧前往建康求见张浚,面陈攻金之计。隆兴二年(1164),辛弃疾改任广德军(今安徽广德)通判。次年,他不顾官职低微,越职上书,向孝宗上呈《美芹十论》。"十论"者,"其三言虏人之弊,其七言朝廷之所当行"。兵法云:知己知彼,百战不殆。辛弃疾的"十论",就体现了他对敌我双方实际形势的深刻理解,从而提出了深谋远虑且切实可行的战略方针。他一针见血地指出南宋朝廷长期奉行的求和路线之不可行:"秦桧之和,反以滋逆亮之狂。彼利则战,倦则和,诡谲狙诈,我实何有?"还鼓励孝宗效法扫平突厥以雪国耻的唐太宗:"惟陛下留乙夜之神,沈先物之几,志在必行,无惑群议,庶乎'雪耻酬百王,除凶报千古'之烈无逊于唐太宗。"一个位居州郡副职的小官,又是深受朝廷猜忌的"归正人",竟然如此直言不讳地上书皇帝建言国家大政,不但体现了辛弃疾的远见卓识,而且表露其忠肝义胆。正如其表中所云:"负抱愚忠,填郁肠肺!"

乾道三年(1167),辛弃疾升任建康府通判。又过了三年,辛弃疾任满回临安,受到孝宗的召见,后授司农寺主簿。不久,他作《九议》上呈宰相虞允文。《九议》也是长篇奏议,它不但对《十论》中的意见作了更深入细致的论说,还补充了关于练军、造舰、用间等具体的战术,更重要的是,《九议》旗帜鲜明地阐述了抗金事业的正义性和必要性:"且恢复之事,为祖宗,为社稷,为生民而已。此亦明主所与天下智勇之士之所共也,顾岂吾君吾相之私哉!"联想到宋孝宗与虞允文皆有恢复之志,而朝廷中仍有不少畏葸苟安之臣,主和之论时时沉滓泛起的事实,辛弃疾的这番议论可谓义正辞严的正义之声。辛弃疾二十五岁上《十论》,三十二岁又上《九议》,思虑深刻而言辞剀切,丝毫不见轻率浮浅的缺点,这是他平生积储胸中的真学问、真本领。诚如朱熹所言,辛弃疾是一位难得的"帅材"(见《朱子语类》卷一三二)。可惜历史没有给这位帅材提供一展身手的机会!

从三十三岁到四十二岁的十年里,正当盛年的辛弃疾频繁地调动官职,用他自己的话说,便是"顷列郎星,继联卿月。两分帅阃,三驾使轺"(《新居上梁文》)。南宋朝廷对于从中原沦陷区归来的人士一向心存猜忌和轻视,"归正人"这个称呼就多少带有轻蔑的意味。辛弃疾当然未能例外。虽然他文才武略都很出众,仍然难得朝廷的信任重用,经常在外地任职,且朝命暮改,很难在一个职位上尽心尽责。尽管如此,辛弃疾还是取得了不俗的政绩。乾道八年(1172),辛弃疾任滁州知州。这是他第一次担任独当一面的地方长官,可惜滁州虽属上州,但地处宋、金交战的要冲,屡经兵火的蹂躏,已是一片荒芜。辛弃疾到任之时,城邑荡然成墟,惨不忍睹。难怪某些朝臣称滁州为"极边"可弃之地,甚至不愿到那里为官。辛弃疾却认为地处淮南的滁州正是南宋的战略要地,是保卫江南的重要屏障,尤需下力整治。他下马伊始,即日夜操劳。他招抚流民,为他们提供安居耕垦的必要条件。他招徕商贾,减免他们的税收。两年之后,滁州的面貌大为改观。城里新建了名为"繁雄馆"的市场,又修成一座供市民游观的"奠枕楼",民兵屯田的局面也基本形成。淳熙二年(1175),辛弃疾自仓部郎中出任江西提点刑狱,其主要任务是节制诸军,扑灭横行湘、赣一带的赖文政茶商军。茶商军原为盗贩茶叶的武装商贩,后来发展成公然与官府对抗的流寇。赖文政其人足智多谋,他率领的茶商军不但啸聚山林,而且屡败官军,震动朝廷。辛弃疾受命于危难之际,到任后即调集兵力,简汰老弱,择其精壮者扼守要冲;又征集熟悉地形的当地乡丁,组成敢死军深入山林尾随追击。茶商军疲于奔命,

去国帖

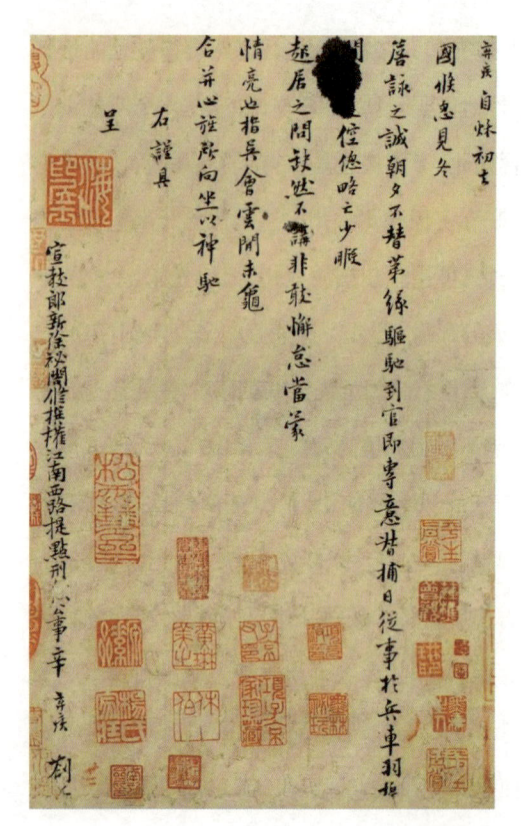

南宋·辛弃疾

故宫博物院藏

溃不成军，终于接受了辛弃疾的招降。辛弃疾将赖文政押至赣州处死，对余众或遣散归乡，或招募为兵。短短的两个月中，被周必大称为"上烦朝廷，远调江、鄂之师，益以赣、吉将兵，又会合诸邑土军弓手几至万人，犹未有胜之之策"（《论任官理财训兵三事》）的茶商军，即被辛弃疾彻底

第六章 侠士辛弃疾

粄平。牛刀小试,便体现出辛弃疾卓越的军事才能,只可惜如此杰出的才略未能到抗金战场上充分施展!

尽管辛弃疾在各种职位上都表现出过人的才干,但他毕竟是一个"归正人",越是有才就越是遭忌。况且辛弃疾性格刚强,作风泼辣,与朝廷上下懦弱苟且的固有习气格格不入,难免受到朝臣的无端攻讦,被劾罢官是早晚之事。早在淳熙六年(1179),辛弃疾便对此有所觉察,他在《论盗贼札子》中对孝宗说:"臣生平刚拙自信,年来不为众人所容,顾恐言未脱口而祸不旋踵。"于是他未雨绸缪,在信州(今江西上饶)城北的带湖之畔买地筑屋,准备退职后前往归隐,他将新居的一间命名为"稼轩",自号"稼轩居士",且作《沁园春》以见意:

> 三径初成,鹤怨猿惊,稼轩未来。甚云山自许,平生意气;衣冠人笑,抵死尘埃。意倦须还,身闲贵早,岂为莼羹鲈脍哉!秋江上,看惊弦雁避,骇浪船回。
>
> 东冈更葺茅斋,好都把轩窗临水开。要小舟行钓,先应种柳;疏篱护竹,莫碍观梅。秋菊堪餐,春兰可佩,留待先生手自栽。沉吟久,怕君恩未许,此意徘徊。

词中对归隐生活的热爱是发自肺腑的,"惊弦雁避,骇浪船回"分明是指宦海风波之险恶,"意倦须还,身闲贵早"也清楚地表露了对官场丑态的厌恶嫌弃。果然,就在此词写成不久的淳熙八年(1181)之冬,辛弃疾终于因在湖南创建飞虎军时动用钱财太多等罪名受到言官弹劾,随即落职。从此,辛弃疾便在带湖闲居十年,直到光宗绍熙二年(1191)才得复出,任福建提刑,三年后再次被劾落职,复归带湖。庆元二年(1196),因带湖旧居失火,辛弃疾乃移居铅山期思之瓢泉,又在那里闲居七年。也就是说,从四十二岁到六十四岁的二十多年里,辛弃疾多半时间是在乡间闲居。虽然他重视稼穑,认为"人生在勤,当以力田为先"(见《宋史·辛弃疾传》);虽然他热爱乡村,在带湖、瓢泉写下了大量优美的田园词,但他毕竟是时刻惦念着恢复大业的爱国志士,春雨江南的宁静生活怎能彻底取代胸中的铁马秋风?"追往事,叹今吾。春风不染白髭须。却将万字平戎策,换得东家种树书!"(《鹧鸪天》)虽是淡淡说来,却蕴含着多少辛酸和悲怆!"平生塞北江南,归来华发苍颜。布被秋宵梦觉,眼前万里江山。"(《清平乐》)在乡村小店里独自打发寂寞的秋夜,却在梦中行遍万里江山,他是多么难忘那驰骋疆场的军旅生涯!

正如辛弃疾的好友陆游所云:"元知造物心肠别,老却英雄似等闲。"(《鹧鸪天》)辛弃疾终于在漫长的乡居生活中耗尽了生命。宁宗嘉泰三年(1203),六十三岁的辛弃疾复出,知绍兴府兼浙东安抚使。次年改知镇江府。一年后罢归铅山。等到开禧三年(1207),辛弃疾被召为兵部侍郎,他终于等来了掌管兵权的要职,但此时的他已是六十八岁的老病交加之人,只能上表辞免。就在此年九月,这位龙腾虎跃的一代英雄因病去世。辛弃疾未能马革裹尸,更未能立功封侯,他的悲剧命运,若移用刘克庄《沁园春》中的句子来予以评说,真是确切无比：

> 叹年光过尽,功名未立;书生老去,机会方来。使李将军、遇高皇帝,万户侯何足道哉!

二 雄才大略与事必躬亲

辛弃疾自幼怀抱保卫社稷、收复失土的雄心壮志，也具备明察形势、精通兵法的雄才大略。早在隆兴二年（1164），年方二十五岁的辛弃疾越职上书，向孝宗上呈《美芹十论》。七年之后，辛弃疾又向宰相虞允文上呈《九议》。《十论》与《九议》不是泛泛而谈的主战议论，而是在洞察大势的基础上提出的深谋远虑，堪称南宋初期最具远见卓识的战略纲领。当时的朝廷中，主和派往往一味夸大金人如何强大，宋军决非其敌手；而主战派则往往强调金人其实不堪一击，宋军可一战而收复中原。只有辛弃疾深明知己知彼的重要性，他在《九议》中指出："凡战之道，当先取彼己之长短而论之，故曰：'知己知彼，百战不殆。'今土地不如虏之广，士马不如虏之强，钱谷不如虏之富，赏罚号令不如虏之严，是数者彼之所长，吾之所短也。"他又指出，虽然金人的四点优势非常明显，但是我方也有四点优势：一是我方深得人心；二是我方可以迅速调集兵力，而金人后方遥远，召集兵力须一年方成；三是我方出兵由政府承担军费,金人则全取于民,会激起民变;四是金人渡淮攻我,前有长江天堑和我方舟师,仅能骚扰而已,而我方渡淮攻金,则可深入其腹地。在对敌我双方的优劣进行详尽分析之后,辛弃疾得出结论说:"彼之所长,吾之所短,可以计胜也。吾之所长,彼之所短,是逆顺之势不可易,彼将听之,以为无奈此何也。"这种分析显然要比胡铨等人仅凭正义感的主战言论更加切合实际。

南宋初年,有一种说法颇能蛊惑人心,即所谓"南北有定势,吴楚之脆弱不足以争衡于中原"。其根据是西晋灭吴、隋平南朝、北宋平南唐等史实。辛弃疾对上述史实进行了具体的分析,指出其都有偶然性而并非定势。更重要的是,宋金对峙的形势今非昔比,不能简单地套用历史。他还以秦、楚之争的史实来驳斥所谓的"南北有定势":秦国灭楚固然是"南北勇怯不敌之明验",但后来项羽率楚军击败秦军,势如破竹,"是又可以南北勇怯论哉"?辛弃疾又进而针锋相对地指出:"古今有常理,夷狄之腥秽不可久安于华夏。""夫所谓古今常理者,逆顺之相形,盛衰之相寻,如符契之必合,寒暑之必至。今夷狄所以取之者至逆也,然其所居者亦盛矣。以顺居盛,犹有衰焉,以逆居盛,固无衰乎?臣之所谓理者此也。不然,裔夷之长而据有中夏,子孙又有泰山万世之安,古今岂有是事哉!"

万壑松风图

南宋·李唐
台北故宫博物院藏

从理论上确立主战观点以后，辛弃疾又提出了具体的方略。首先是集中优势兵力固守沿淮前线。他指出从前宋军守淮的兵力过于分散："臣尝观两淮之战，皆以备多而力寡，兵慑而气沮，奔走于不必守之地，而婴虏人远斗之锋，故十战而九败。"他主张集中精兵十万，分屯于山阳（今江苏淮安）、濠梁（今安徽凤阳）、襄阳三处，再于扬州或和州（今安徽和县）置一帅府以统领三军。这样，无论金人从哪条路线来犯，我方都可以互相呼应，左右夹击，甚或骚扰其后方。他认为这不但符合孙膑关于"批亢捣虚，形格势禁"的军事思想，而且有孙膑围魏救赵以及后唐庄宗用郭崇韬之计轻兵袭梁的成功先例，故为上策。

其次是在淮南地区召集归正人屯田。他指出从前在淮南屯田所以没有成效，是由于只用军士，而军士的来源多为市井无赖，他们入伍的原因就是不愿从事生产，又迫于饥寒，如今让他们从事屯田耕种，肯定会心生怨愤，"所以驱而使之耕者非其人，所以为之任其责者非其吏，故利未十百而害已千万矣"。那么如何纠正呢？他指出不如改由归正人来从事屯田，归正人本身就是中原的农民，只因在异族的残酷统治下无法生存，才渡淮南归。他们南归时往往拖家带口，举族同迁，如果把淮南的无主田地分配给他们耕种，再为他们提供必要的生产条件，"彼必忘其流徙,便于生养"。辛弃疾还设计了具体的实行方案:"归正之人,家给百亩,而分为二等:为之兵者,田之所收,尽以予之。为之民者,十分税一,则以为凶荒赈济之储。"

再次是确立对金作战的主攻方向。宋金对峙的局势确立之后,金人把关中、洛阳、汴京三处认作最关键的战略要地,重兵防守。南宋朝廷里议战时也经常把这三处认作主攻方向,此外也有人主张从海道出击。辛弃疾指出兵法以虚虚实实为主,我方应该虚张声势,大力宣扬关中在战略上如何重要,洛阳乃北宋诸帝陵寝所在,汴京则是故都,来诱导金人重兵防守三地,事实上则把主攻方向定于山东:"今日中原之地,其形易、其势重者果安在哉?曰山东是也。不得山东,则河北不可取。不得河北,则中原不可复。"他具体分析了主攻山东的有利之处:山东地近金人的巢穴燕地,从山东直至河北无江河险阻,山东之民劲勇好战,故一旦战事起,我方"将以海道、三路之兵为正,而以山东为奇。奇者以强,正者以弱,弱者牵制之师,而强者必取之兵也"。

除此以外,辛弃疾还对一些貌似不急之务,却有关国家长治久安的问题提出对策。他指出历史上就有"楚材晋用"的史实,如今也有在南宋不得意的士人或匠人投奔北方为敌人效力,一定要事先加以提防。他指出朝廷往往急于求成，故不能对宰辅或大将专信久任，却在朝夕之间责其成功，这种做法一定要改变。辛弃疾的这些建议，表面上不如上述数点那样切于时用，其实也非常重要，所以在奏议中详细地论述之，言辞剀切，富有说服力。例如关于培育军人的勇武精神、提升军队的作战能力的意见，他痛切地指出南宋军队士气不振的致命缺点："将骄卒惰，无事则已，有事而其弊犹尔，则望贼先遁，临敌遂奔，几何不败国家事！"他认为造成这种现象的一个原因是朝廷御将不得法，故"儒臣不知兵，而武臣有以要其上"。他提出了纠正这种局面的对策，主要是调整御将之法。由于宋朝一向奉行重文抑武的国策，辛弃疾不能置之不顾，故提议选择合格的文臣任军中参谋，让他们熟悉军务，但不能像唐代的监军那样妨碍将领的指挥权，从而使武臣既心存顾忌杜绝拥兵自重，又能充分运用他们指挥作战的实权。另一个原因则是军中苦乐不均，"营幕之间，饱暖有不充，而主将歌舞无休时。锋镝之下，肝脑不敢保，而主将雍容于帐中。此亦危且勤矣"。他还沉痛地指出兵士的悲惨命运及其严重后果："不幸而死，妻离子散，香火萧然，万事瓦解。未死者见之，谁不生心？"在此基础上，辛弃疾提出了具体的解决办法，一是明令禁止将领为私事役使兵士，二是禁止将领冒领兵士的功劳，且厚恤牺牲的兵士。"如此则骄者化而为锐,惰者化而为力。有不守矣,守之而无不固;有不攻矣,攻之而无不克。"

辛弃疾的奏议,说明他是一位胸怀韬略的大将,而不是只知纸上谈兵的文士。他在论证南宋对金战争的正义性的同时,也不忘兵为诡道的性质,比如他提出应灵活运用以卑辞重币以骄敌,以离间手法挑动金人内部纷争等谋略。他是熟悉时势、随机应变的军事家,而不是固执己见、不知变通的迂儒,比如南宋朝廷里常有关于迁都建康的意见,辛弃疾亦赞成此计,但又认为目前应该缓行,"故先事而迁,是兵未战而术已尽也","故先事而迁,是趣虏人制中原之变也。此未可得而迁者也"。那么究竟何时才能迁都建康呢?他指出:"异时兵已临淮,则车驾即日上道,驻跸建业以张声势;兵已渡淮,则亲幸庐、扬以决胜负。"

辛弃疾虽然怀负经纶之才,但怀才不遇,落落寡合,他在《十论》中慨叹说:"呜呼,安得斯人而与之论天下也哉!"然而他并未因壮志难酬而灰心丧气,更未因身居外任而敷衍塞责。无论居于何种职位,无论处理何种职事,辛弃疾都是全身心地投入其中,无分巨细,事必躬亲;不论难易,志在必成。淳熙七年(1180),正在湖南安抚使任上的辛弃疾决心创建一支有实战能力的地方部队。他上疏朝廷,建议依照广东路摧锋军、福建路左翼军的先例,创建湖南飞虎军。获得朝廷批准后,他便雷厉风行地行动起来。白手起家创建一支军队,谈何容易!当务之急是修建营房,辛弃疾亲自筹划,解决各种困难。建造营房道路需要大量石料,他便征调当地囚犯往麻潭凿石,让他们以此赎罪减刑,很快就解决了问题。因整个工程耗费巨大,朝廷里有人反对,孝宗受到蛊惑,一度下旨停建。辛弃疾接到朝廷金牌后,匿不示人,下令限期一月建成营房。当时正值多雨季节,瓦坯无法晾晒,尚缺瓦二十万片,监办者束手无策。辛弃疾获悉后,立即下令潭州居民每户以一百文的价格向官府出让檐前瓦二十片,两日之内便全部凑齐。此外如招募兵员、添置兵器马匹等事务,辛弃疾莫不亲自操办,终于建成一支威震湖南的地方军队,成为长江江防的重要力量,连金人都颇为畏惧,称为"虎儿军"。辛弃疾在南昌赈灾也是同样的雷厉风行,他到任后发现灾情严重,人心惶惶,于是张榜严禁囤积闭籴和抢劫粮食,榜文只有八个字:"闭籴者配,强籴者斩!"很快就稳定了局势,进而取得良好的赈灾效果。这种快刀斩乱麻的处事方式,体现出军人的勇决性格及强悍作风,但与南宋朝野因循守旧、畏难怕事的习气格格不入,这也是辛弃疾屡遭猜忌的重要原因。

一般说来,胸怀全局者往往轻视琐碎的具体事务,而善办具体事务者往往器局狭小。辛弃疾兼有二者之长而无其短,与他素来敬佩的诸葛亮颇为相似。诸葛亮尚未出山便对天下形势了如指掌,准确地预料了日后蜀汉与魏、吴三足鼎立的局势。辛弃疾也有类似的惊人远见。早在乾道八年(1172),年方三十三岁的辛弃疾向朝廷上书说:"仇虏六十年必亡,虏亡则中国之忧方大。"(见周密《浩然斋意抄》)当时宋金对峙,金国正是南宋朝廷的最大祸患。孰知六十二年以后,金国果真在宋军与蒙古军的夹击之下宣告灭亡。更孰知金亡后南宋直接面对更强大的敌人蒙古,勉强支撑四十余年后不免亡国。历史的进程被辛弃疾不幸言中,这是何等的远见卓识!难怪宋末的谢枋得不胜感慨地说:"惜乎斯人之不用于斯世也!"[1]

---

[1] 见谢枋得《江东运司策问》,载刘埙《隐居通议》卷二十,《丛书集成初编》本,中华书局1985年版,第202—204页。

三　侠骨豪情与铁板铜琶

中国古代的士人并不都是文弱书生。《周礼》所载"六艺"为"礼、乐、射、御、书、数",其中的"射""御"即指骑射之术,属于武学的内容。孔子本人身材魁伟,力大能启城门[1]。孔门用作教材的《诗经》中多有颂扬尚武精神的诗篇,如《秦风》中的《无衣》、《大雅》中的《常武》等。在屈原的《九歌》中,既有"身既死兮神以灵,魂魄毅兮为鬼雄"的壮烈勇士(《国殇》),又有"青云衣兮白霓裳,举长矢兮射天狼"的英武日神(《东君》)。陶渊明虽是一位隐士,但他对"雄发指危冠,猛气冲长缨"的侠客荆轲倾慕不已,既致憾其"奇功遂不成",又赞叹其"千载有余情"(《咏荆轲》)。至于李白,简直就以侠客自居。如果说"十步杀一人,千里不留行"(《侠客行》)的诗句尚是虚写想象中的侠士,那么"少任侠,手刃数人"则是时人对其行迹的真实记录(见魏

---

[1]《淮南子·道应训》:"孔子劲杓国门之关。"见《淮南子注》卷一二,上海书店1986年版,第192页。

颢《李翰林集序》)。就是杜甫,在裘马清狂的青年时代也不乏豪侠气概,"痛饮狂歌空度日,飞扬跋扈为谁雄"(《赠李白》)的诗句,就是他自己与李白两人的共同写照。即使到了老病交加的晚年,他还倚着醉意骑马飞奔:"白帝城门水云外,低身直下八千尺。"坠马跌伤后诸人前来慰问,他竟口出狂言:"何必走马来为问? 君不见嵇康养生被杀戮!"(《醉为马坠群公携酒相看》)苏轼是一介文士,却也曾"老夫聊发少年狂",不但"亲射虎,看孙郎",而且热切地盼望着"会挽雕弓如满月,西北望,射天狼"(《江城子》)。然而,从总体上看,古代文士毕竟是文弱者居多,进退揖让多半会减损尚武精神,舞文弄墨也会疏远刀枪剑戟。正如唐人李贺所感叹的:"寻章摘句老雕虫,晓月当帘挂玉弓。不见年年辽海上,文章何处哭秋风!"(《南园十三首》之六)在宋代的词坛上,这种情况更加严重。试看晏几道、秦观诸人的词作,几乎不见丝毫的雄豪之气,真可谓"词为艳科"了。就在这样的历史背景下,辛弃疾以雄鸷之姿横空出世。范开评辛弃疾说:"公一世之豪,以气节自负,以功业自许,方将敛藏其用以事清旷,果何意于歌词哉,直陶写之具耳。"又说:"器大者声必闳,志高者意必远。"(《稼轩词序》)辛弃疾挟带着战场的烽烟和北国的风霜闯入词坛,纵横驰骋,慷慨悲歌。词坛上从此有了一位叱咤风云的英

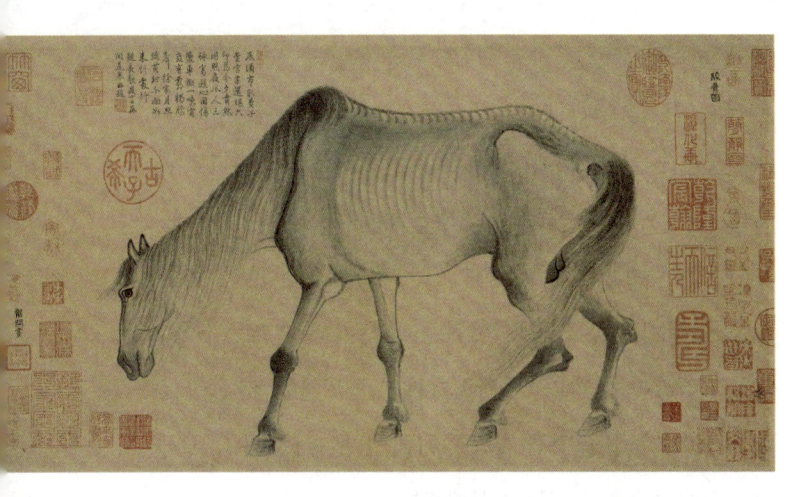

骏骨图　南宋·龚开　日本大阪市立美术馆藏

雄,他孔武有力,长于骑射;他胸怀大志,满腹韬略。他的性格中没有丝毫的柔弱,他胸中的壮志豪情倾泻而出,形成长短句六百余首,以黄钟大吕之音在词坛上异军突起,终于使铁板铜琶的雄豪歌声响彻词史。

据辛弃疾亲撰的《济南辛氏宗图》记载,辛氏本居狄道(今甘肃临洮),至北宋真宗时方迁至济南。辛氏祖先中多出将帅,如汉代的辛武贤、辛庆忌,唐代的辛云京等。[1]

---

[1] 参看邓广铭《辛稼轩年谱》,生活·读书·新知三联书店2007年版,第111页;巩本栋《辛弃疾评传》第二章,南京大学出版社1998年版,第42页。

辛弃疾自称"家本秦人真将种"(《新居上梁文》),洪迈称他为"辛侯"(《稼轩记》),皆非虚言。值得注意的是,古人所谓"将种",稍带贬义。据《晋书》记载,晋武帝的贵嫔胡芳出身将门,偶拂帝意,"帝怒曰:'此固将种也!'芳对曰:'北伐公孙,西距诸葛,非将种而何?'帝甚有惭色"。到了崇文抑武的宋代,人们对"将种"一词更是避之惟恐不及,然而辛弃疾却公然以"将种"自称。正因如此,他对汉代名将李广的同情比其他诗人更加强烈,他夜读《李广传》,激动得终夕难眠,写下《八声甘州》:

> 故将军饮罢夜归来,长亭解雕鞍。恨灞陵醉尉,匆匆未识,桃李无言。射虎山横一骑,裂石响惊弦。落魄封侯事,岁晚田园。
>
> 谁向桑麻杜曲,要短衣匹马,移住南山。看风流慷慨,谈笑过残年。汉开边,功名万里,甚当时健者也曾闲?纱窗外,斜风细雨,一阵轻寒。

这是在咏李广,还是在自抒怀抱?多半是兼而有之。辛弃疾是多么钦佩那位长臂善射、身经百战的英雄,又是多么同情其落魄不偶、健者赋闲的命运!一位合格的军人,其性格中理应有刚强烈性和勇武侠气,否则他怎能上阵杀敌,又怎能为国捐躯?辛弃疾曾"戏赋辛字"赠其族弟辛茂嘉:"烈日秋霜,忠肝义胆,千载家谱。得姓何年?细参辛字,一笑君听取。艰辛做就,悲辛滋味,总是辛酸辛苦。更十分向人辛辣,椒桂捣残堪吐。"(《永遇乐》)虽是"戏赋",但辛弃疾的性格中确有"烈日秋霜,忠肝义胆"的因素。无论是青年时代的亲冒矢镝,出生入死,还是壮年以后的直言献策,勇于任事,辛弃疾都是一位勇武刚强的血性男儿。同样,无论是回顾早年戎马生涯的军旅题材,还是抒写退隐情趣的田园内容,辛弃疾的词作都洋溢着侠气和豪情。梁启超有诗云:"诗界千年靡靡风,兵魂销尽国魂空。集中十九从军乐,亘古男儿一放翁!"(《读陆放翁集》)此话用来评价陆游的诗,稍有溢美之嫌。如果移用来评说辛词,则是千真万确。纵观整部古典诗歌史,只有辛弃疾堪称真正的军旅诗人,是他召回了消沉已久的兵魂与国魂,是他唤回了中华民族的尚武精神。

南宋的诗坛和词坛上,主战的声音并不罕见,但多数作品仅是纸上谈兵。辛弃疾则有"马上击贼"的亲身经历,他的词中回荡着壮烈的军声,旋律悲壮有似号角,节奏激烈宛如战鼓,例如寄给陈亮的《破阵子》:

醉里挑灯看剑,梦回吹角连营。八百里分麾

下炙,五十弦翻塞外声。沙场秋点兵。

马作的卢飞快,弓如霹雳弦惊。了却君王天下事,赢得生前身后名。可怜白发生!

恰如作者在小序中所说,这是一首"壮词"!这样的壮词,在辛词中触目皆是。一般人作寿词,无非颂扬主人功德,或祝愿其长寿,能够免除庸俗已属不易。辛弃疾却寿韩元吉说:"渡江天马南来,几人真是经纶手?长安父老,新亭风景,可怜依旧!夷甫诸人,神州沉陆,几曾回首?算平戎万里,功名本是真儒事,君知否?"(《水龙吟》)这是何等抱负,何等气概!一般人作送别词,无非诉说离愁别恨,难免情绪低沉。辛弃疾却送张坚说:"汉中开汉业,问此地,是耶非?想剑指三秦,君王得意,一战东归。追亡事,今不见,但山川满目泪沾衣。落日胡尘未断,西风塞马空肥。"(《木兰花慢》)这是何等胸襟,何等眼界!山水清丽的南平双溪,在辛弃疾眼中是雄奇伟岸:"举头西北浮云,倚天万里须长剑。人言此地,夜深长见,斗牛光焰。我觉山高,潭空水冷,月明星淡。待燃犀下看,凭栏却怕,风雷怒,鱼龙惨。"(《水龙吟》)幽静安宁的隐居之地,在辛弃疾笔下却气势飞动:"叠嶂西驰,万马回旋,众山欲东。正惊湍直下,跳珠倒溅;小桥横截,缺月初弓。老合投闲,天教多事,检校长身十万松。吾庐小,在龙蛇影外,风雨声中。"(《沁园春》)于是在辛词中,铁马秋风替换了杏花春雨,沙场烽火替换了罗帐银灯。辛词的主人公不再是多愁善感的文弱书生,更不是由词人代言的闺阁佳人或歌儿舞女,而是一位上马能杀贼、下马能草檄的英武战士,是一位有胸襟、有担当的堂堂正正的男子汉。有了辛词,谁还能说词一定是"艳科"?谁还能规定"唱歌须是玉人,檀口皓齿冰肤"(见李廌《品令》)?当年苏轼尝试着写作豪放风格的词,有幕士对他说:"学士词须关西大汉,执铁板,唱'大江东去'。"(见俞文豹《吹剑续录》)其实东坡的豪放词仅是偶一为之,只有辛词才真正配得上铁板铜琶,况且辛弃疾本人就是一位"关西大汉"!

读者也许会有疑问:难道辛弃疾就没有情绪低落的时候吗?他始终没有郁闷和痛苦要抒发吗?当然有,而且还有不少。但是辛弃疾的郁闷是壮志难酬的失意,他的痛苦是英雄末路的悲怆,与那些风流词客的闲愁幽恨不可同日而语。独宿村店的凄凉梦境,在辛弃疾笔下展现为辽阔的空间:"平生塞北江南,归来华发苍颜。布被秋宵梦觉,眼前万里江山。"(《清平乐》)好友暌离的孤独之感,在辛弃疾词中出之以铁石心肠:"我最怜君中宵舞,道男儿到死心如铁。"(《贺新郎》)柳永送别词的名句是"今宵酒醒何处?

杨柳岸,晓风残月"(《雨霖铃》),欧阳修送别词的名句是"平芜尽处是春山,行人更在春山外"(《踏莎行》),到了辛弃疾,则变成了:"将军百战声名裂,向河梁,回头万里,故人长绝。易水萧萧西风冷,满座衣冠似雪,正壮士悲歌未彻。啼鸟还知如许恨,料不啼清泪长啼血。谁共我,醉明月!"(《贺新郎》)开禧元年(1205),年已六十六岁的辛弃疾正在知镇江府任上。此时距离他铁骑渡江已有四十三年了,恢复之志始终未能实现,却在宦海风波和乡村闲居中耗尽了岁月。如今人已老矣,朝廷里正在紧锣密鼓地筹划北伐,可惜执政的韩侂胄轻举妄动,并无胜算。春社之日,辛弃疾登上北固亭,凭栏北眺,慷慨怀古,写了一首《永遇乐》:

> 千古江山,英雄无觅,孙仲谋处。舞榭歌台,风流总被,雨打风吹去。斜阳草树,寻常巷陌,人道寄奴曾住。想当年,金戈铁马,气吞万里如虎。
> 元嘉草草,封狼居胥,赢得仓皇北顾。四十三年,望中犹记,烽火扬州路。可堪回首,佛狸祠下,一片神鸦社鼓。凭谁问,廉颇老矣,尚能饭否?

时局如此,人生境遇又如此,难免感慨良多。但是辛弃疾缅怀的历史人物是吴大帝孙权和刘宋的开国君主刘裕,孙权以江东一隅与魏、蜀鼎足三立,刘裕则亲率大军北伐,一度收复了洛阳和长安,堪称功业彪炳。如此怀古,字里行间洋溢着英雄之气,冲淡了沧桑之感。辛弃疾又自比人老心不老的名将廉颇,慨叹自己没有机会实现恢复之志。廉颇晚年,当着赵国使者的面,"一饭斗米,肉十斤,披甲上马,以示尚可用"(《史记·廉颇列传》)。廉颇如此,辛弃疾又何尝不是如此!他的豪侠精神至死不衰,他生生死死都是一位勇武的军人,他的词作是对消沉已久的军魂的深情呼唤。

四　跳动心灵在山水田园中的安顿

淳熙年间,转任各地的辛弃疾一来倦于宦游,二来畏于朝臣的攻讦,在信州带湖购地筑屋,以作退隐之计。淳熙六年(1179),新居中的"稼轩"落成,正在湖南转运副使任上的辛弃疾作《带湖新居上梁文》以庆之。文中不无壮志未酬的惆怅:"京洛尘昏断消息,人生直合在长沙?欲击单于老无力!"但更主要的则是退隐归耕的欣慰:"百万买宅,千万买邻,人生孰若安居之乐?一年种谷,十年种木,君子常有静退之心。"两年之后,辛弃疾被劾落职,归隐带湖,成为名副其实的"稼轩居士"。这位龙腾虎跃的豪侠之士果真要急流勇退了?他果真要放弃驰骋疆场的理想而息影林下、躬耕陇亩了?大家谁都不信。辛弃疾曾请洪迈为稼轩作记,洪迈在《稼轩记》中说:"使遭事会之来,挈中原还职方氏,彼周公瑾、谢安石事业,侯固饶为之。此志未偿,顾自诡放浪林泉,从老农学稼,无亦大不可欤!"洪迈之兄洪适也在《题辛幼安稼轩》中说:"济时方略满心胸,卜筑山城乐事重。岂是求田谋万顷,聊因学圃问三农。高牙暂借藩维重,燕寝未须归兴浓。且为君王开再造,他年植杖得从容。"他们都看出了辛弃疾壮志未灭,都坚信辛弃疾不会甘心老于林泉。是啊,淳熙八年(1181)辛弃疾四十二岁,正值大有作为的壮年,他怎么可能彻底放弃恢复中原的雄心壮志!

然而,事情都有两面性。辛弃疾中年退隐虽是不得已之举,但他对隐居生活的热爱却是发自肺腑的。中华民族是热爱和平的民族。儒家并不轻视军事,儒家强调增强国防的重要性:"不教民战,是谓弃之。""善人教民七年,亦可以即戎矣。"(《论语·子路》)但是儒家的核心价值却是"和为贵"(《论语·学而》),这是以农耕为主要生产方式的中华民族先民的集体选择,因为农耕必需和平的生存环境和稳定的生存空间,而面临着游牧民族侵扰的农耕文明也必需足以抵御侵略的力量。辛弃疾深谙此理。他生逢河山破碎、国土沦丧的时代,故以杀敌雪耻、收复中原为终生不渝的目标。但是在内心深处,他热爱和平,热爱安定平和的农耕生活。说到底,辛弃疾所以要坚持抗金复国的大业,其根本目的就是恢复汉民族赖以生存的大片国土,让人民在不受外族侵扰的和平环境里从事农桑。当他看到江南安宁、平静的农村生活时,便感到由衷的喜爱:

山鹊枇杷图
宋·佚名
中央美术学院美术馆藏

  茅檐低小,溪上青青草。醉里吴音相媚好,白发谁家翁媪?

  大儿锄豆溪东,中儿正织鸡笼。最喜小儿无赖,溪头卧剥莲蓬。(《清平乐》)

  松冈避暑,茅檐避雨,闲去闲来几度?醉扶怪石看飞泉,又却是前回醒处。

东家娶妇,西家归女,灯火门前笑语。酿成千顷稻花香,夜夜赞一天风露。(《鹊桥仙》)

景色如此秀丽,人情如此美好,这是词坛上难得一见的吟咏田家乐主题的佳作。更值得注意的是,词人自身也心醉于这个安宁、美好的环境,他从农村生活中发现了充沛的美感和诗意。于是,辛弃疾的笔下出现了词境中很少看到的乡村景物:"明月别枝惊鹊,清风半夜鸣蝉。稻花香里说丰年,听取蛙声一片。"(《西江月》)"陌上柔桑破嫩芽,东邻蚕种已生些。平冈细草鸣黄犊,斜日寒林点暮鸦。"(《鹧鸪天》)在此前的词坛上,有谁曾如此真切地描写过桑麻风光?又有谁曾如此深情地欣赏乡村生活?没有。只有认为"人生在勤,当以力田为先"的辛弃疾,才能说出"城中桃李愁风雨,春在溪头荠菜花"(《鹧鸪天》)的至理名言。

热爱农耕生活的辛弃疾必然会热爱陶渊明,他仰慕陶渊明的高洁情怀:"须信采菊东篱,高情千古,只有陶彭泽。"(《念奴娇》)他表示学陶的意愿:"便此地结吾庐,待学渊明,更手种门前五柳。"(《洞仙歌》)他还自恨学陶太迟:"我愧渊明久矣,犹借此翁湔洗,素壁写归来。"(《水调歌头》)他甚至在梦中与陶渊明亲切相晤:"老来曾识渊明,梦中一见参差是。"(《水龙吟》)他对这位隐逸诗人之宗给予最崇高的评价："若教王谢诸郎在,未抵柴桑陌上尘!"（《鹧鸪天》）无可否认,辛弃疾对陶渊明的敬慕是虔诚的。然而,在辛弃疾涉及陶渊明的篇章中,有一点不同寻常的消息值得关注:"看渊明,风流酷似,卧龙诸葛。"（《贺新郎》）为何说陶渊明与诸葛亮是同样的风流人物呢？这是指陶渊明素怀功业之心有如诸葛亮,还是指诸葛亮躬耕隆中、不求闻达有如陶渊明？都有可能。更重要的是,在辛弃疾看来,躬耕陇亩、终老林泉的陶渊明与鞠躬尽瘁、卒于军中的诸葛亮是同样的风流人物,不过人生境遇不同而已。也就是说,在辛弃疾的心中,退隐躬耕与建功立业可以并存于一个人的人生追求中,两者并不矛盾。

退居带湖、瓢泉的辛弃疾并未忘怀世事,并未抛弃雄心,一有机会便会尽情宣泄。淳熙十五年（1188）冬,陈亮到信州访问辛弃疾。陈亮是豪气盖世的狂士,曾以布衣身份多次上书朝廷力主抗金,深受辛弃疾的器重。两人惺惺相惜,痛饮狂歌,千杯恨少。相别之后,辛弃疾又作词寄赠,以后两人反复唱酬,词意慷慨激烈。请看辛弃疾的《贺新郎》：

老大那堪说。似而今,元龙臭味,孟公瓜葛。
我病君来高歌饮,惊散楼头飞雪。笑富贵千钧如发。硬语盘空谁来听?记当时,只有西窗月。重进酒,换鸣瑟。

事无两样人心别。问渠侬,神州毕竟,几番离合?汗血盐车无人顾,千里空收骏骨。正目断,关河路绝。我最怜君中宵舞,道男儿到死心如铁。看试手,补天裂。

湖海豪士陈元龙和著名豪侠陈孟公的典故,既切合陈亮之姓氏,更凸现了陈亮"推倒一世之智勇,开拓万古之心胸"(陈亮《又甲辰秋书》)的品性。而"臭味""瓜葛"云云,正说明二人志同道合,气味相投。退隐林下,病中会客,尚能高歌狂饮,尚能硬语盘空,若非豪杰,孰能如此?一位罢官之人与一位布衣之士,却在商讨神州离合的大事,倾诉怀才不遇的悲怆,若非英雄,孰能如此?可见辛弃疾正是一位"男儿到死心如铁"的铮铮铁汉,纵使落魄不偶,纵使处在无可作为的环境中,他依然怀着"补天裂"的雄心,至死不渝。

然而,辛弃疾南归以后,对南宋朝廷的真实情况已相当熟悉,对抗金复国事业的艰难已了然于胸。他披肝沥胆写成的《美芹十论》和《九议》虽未石沉大海,但并未达到震动朝野的效果。他流宦各地显示的过人才干和泼辣作

潇湘奇观图（局部） 南宋·米友仁 故宫博物院藏

风虽未被完全抹煞，但也引起朝臣的接连攻讦。辛弃疾清楚地认识到，少时铁马渡江的那段经历已成旧梦，如今的真实处境则是有志难酬，报国无路："倦客新丰，貂裘敝，征尘满目。弹短铗，青蛇三尺，浩歌谁续？不念英雄江左老，用之可以尊中国。叹诗书万卷致君人，翻沉陆。"（《满江红》）他虽然交游甚广，但知音难觅："众里寻他千百度。蓦然回首，那人却在，灯火阑珊处。"（《青玉案》）他甚至感到连诉说忧愁都是多此一举："而今识尽愁滋味，欲说还休。欲说还休，却道天凉好个秋！"（《丑奴儿》）那么，辛弃疾能到何处去安顿那颗跳荡不安的灵魂？"倩何人，唤取红巾翠袖，揾英雄泪"（《水龙吟》）吗？"有玉人怜我，为簪

黄菊"(《满江红》)吗？显然不行。一位冲锋陷阵的战士，岂能像柳七郎那样到温柔乡里寻找归宿！经过上下求索，辛弃疾终于找到了人生的归宿，那就是大自然。晚年的辛弃疾退居田园，寄情山水，在大自然的怀抱里消磨岁月，也消磨雄心。在铅山瓢泉的别业里，他写了好几首《贺新郎》来题咏山水或亭阁，如积翠岩、悠然阁等。下面这首题咏的是停云亭：

> 甚矣吾衰矣！怅平生，交游零落，只今余几？白发空垂三千丈，一笑人间万事。问何物能令公喜？我见青山多妩媚，料青山见我应如是。情与

貌,略相似。

　　一尊搔首东窗里。想渊明,停云诗就,此时风味。江左沉酣求名者,岂识浊醪妙理？回首叫,云飞风起。不恨古人吾不见,恨古人,不见吾狂耳。知我者,二三子。

此时辛弃疾年近花甲,与他志同道合的友人陈亮、韩元吉等皆已去世,难怪开篇就是一声长叹！他坐在以陶诗篇目命名的"停云亭"中悠然独酌,不免想到陶渊明这位异代知己。可是交游零落,还有谁能让自己欣然开怀呢？环顾宇内,只剩大自然而已。于是他脱口而呼:"我见青山多妩媚,料青山见我应如是。""妩媚"一语,本是唐太宗评价直臣魏徵的话,故可用来形容男性风度之可爱。青山巍然屹立,雄深秀伟,有着崇高壮伟的美学品质,这在辛弃疾眼中正是妩媚之极。而辛弃疾本人相貌奇伟,英才盖世,有着堂堂正正的人格精神,他坚信自己在青山眼中肯定也是同样的妩媚。词人与青山达成了深沉的共鸣,英雄在自然的怀抱里找到了默契和抚慰。谁说壮志未酬、赍恨没世的辛弃疾未能实现人生的超越？他的人生分明像一首宏伟雄壮的交响诗,战马嘶叫和鸣镝呼啸是其第一乐章,飞湍瀑流和万壑松涛便是其最后的乐章。

推荐读物:

1. 辛弃疾撰,邓广铭笺注《稼轩词编年笺注》,上海古籍出版社1978年版
2. 巩本栋《辛弃疾评传》,南京大学出版社1998年版

尾声

迈向诗意的人生境界

尾声　迈向诗意的人生境界

一　超越是诗意人生的共同本质

我们对六位古代诗人的诗意人生进行了一番巡礼。如上所述,屈原是诗国中的烈士,他以杀身成仁的激烈形式拒绝尘俗。陶渊明是诗国中的隐士,他将朴素的平凡生活升华成诗意浓郁的人生。李白是诗国中的豪士,他用狂傲的举止追求崇高和自由。杜甫是诗国中的儒士,他用忧国忧民的精神实现对苦难人生的超越。苏轼是诗国中的居士,他以宠辱不惊的态度走过风雨人生。辛弃疾是诗国中的侠士,他以壮烈的情怀追求不朽的功业。显然,六位诗人的人生遭遇各不相同,他们的人生目标也相去甚远。那么,他们的人生境界有相同之处吗?换句话说,他们都能成为引领我们迈向诗意人生的典范吗?

中华先民的思维向有灵活通变的特征,儒家虽然坚持原则,但在具体的行为上却采取随机应变的对策。孔子列举若干古人的不同行为后声称:"我则异于是,无可无不可。"(《论语·微子》)孟子还说:"可以速而速,可以久而久。可以处而处,可以仕而仕,孔子也。"(《孟子·万章下》)古人评价人物时,也采取类似的态度。商朝灭亡前后,几位重臣的行止各不相同:"微子去之,箕子为之奴,比干谏而死。"但是孔子对他们的评价却是高度一致:"殷有三仁焉。"(《论语·微子》)大禹、后稷功业彪炳,颜回则终身居于陋巷,生平事迹南辕北辙,然而孟子说:"禹、稷当平世,三过其门而不入,孔子贤之。颜子当乱世,居于陋巷,一箪食,一瓢饮,人不堪其忧,颜子不改其乐,孔子贤之。孟子曰:'禹、稷、颜回同道。'"他又说:"禹、稷、颜子,易地则皆然。"(《孟子·离娄下》)后人在评论历史人物时,也继承了这种思维方式。朱熹将诸葛亮、杜甫、颜真卿、韩愈和范仲淹五人称为"五君子",并指出:"此五君子,其所遭不同,所立亦异,然求其

文苑图
五代南唐·周文矩
故宫博物院藏

心,则皆所谓光明正大,疏畅洞达,磊磊落落而不可掩者也。"(《王梅溪文集序》)元人吴澄也说:"予尝谓楚之屈大夫、韩之张司徒、汉之诸葛丞相、晋之陶征士,是四君子者,其制行也不同,其遭时也不同,而其心一也。"(《詹若麟渊明集补注序》)朱熹所说的"五君子"也好,吴澄所说的"四君子"也好,都是"易地则皆然"的确凿例证。同样,虽然上述六位诗人的生平事迹千差万别,但是"易地则皆然",他们都实现了人生的超越,都到达了诗意洋溢的人生境界。

下面把六位诗人分成三组来略作评说。先看屈原与陶渊明。从表面上看,前者入世而后者出世,前者执着于政治理想不惜为其献出生命,后者却抛弃现实政治而独善其身,他们的人生态度简直是南辕北辙。元人散曲中说"不达时皆笑屈原非,但知音尽说陶潜是"(范康《寄生草》),便是这种观点最清楚的表述。然而事实上正如吴澄所云,屈、陶行迹虽异,而"其心一也"。陶渊明对屈原心怀敬意,曾并咏屈、贾云:"进德修业,将以及时。如彼稷契,孰不愿之?嗟乎二贤,逢世多疑。候詹写志,感鹏献辞。"(《读史述九章·屈贾》)诗中"候詹"一句是指屈原《卜居》中所写往见太卜郑詹尹以决疑之事,可见他对屈原"竭知尽忠,而蔽鄣于谗"的遭遇深表同情。此诗的前四句也值得注意,它确切表明陶渊明重视建功立业,且将身为重臣、功业彪炳的稷、契视为人生的榜样,他具有与屈原同样的淑世情怀。更值得注意的是,陶渊明崇尚儒家的仁政理想,反对以暴秦为代表的暴政,他说:"羲农去我久,举世少复真。汲汲鲁中叟,弥缝使其淳。凤鸟虽不至,礼乐暂得新。洙泗辍微响,漂流逮狂秦。诗书复何罪,一朝成灰尘!"(《饮酒二十首》之二十)这种爱憎分明的价值判断使他对不畏强暴入秦谋刺嬴政的荆轲倾慕不已:"惜哉剑术疏,奇功遂不成。其人虽已没,千载有余情!"(《咏荆轲》)他所构建的世外桃源也以"避秦时乱"为时代背景,且直斥"嬴氏乱天纪"! 陶渊明生活在晋宋之交的乱世,他也像屈原一样对国家的前途忧心忡忡,"种桑长江边,三年望当采。枝条始欲茂,忽值山河改"(《拟古九首》之九)的诗句,虽然不一定是针对刘宋篡晋,但弥漫在字里行间的悲凉心情却鲜明可感。屈原与陶渊明生逢乱世,他们在人生道路上的探索格外艰辛,屈原说:"悔相道之不察兮,延伫乎吾将反。回朕车以复路兮,及行迷之未远。"(《离骚》)陶渊明也说:"悟已往之不谏,知来者之可追。实迷途其未远,觉今是而昨非。"(《归去来兮辞》)两人都是上下求索,始迷终悟,苦苦地寻觅着人生的归宿。所以说,屈原自沉汨罗,渊明归隐乡里,表面上是两种不同的人生道路,但都意味着对黑暗势力的批判和对浊世的抗争,都是对庸俗人生的彻底超越。行迹虽异,其心一也!

李白和杜甫,向被认作唐代诗坛上两种不同诗风的代表,故分别获得"诗仙"和"诗圣"的称号,李杜的异同优劣也成为后人经久不息的话题。然而事实上李、杜之间同多于异,他们是心心相印的诗坛双璧。天宝四载(745)秋,李、杜在鲁郡重逢,杜甫作《赠李白》:"秋来相顾尚飘蓬,未就丹砂愧葛洪。痛饮狂歌空度日,飞扬跋扈为谁雄!"有人认为此诗是李白的小像,其实它是李、杜二人的合像。李白恃才傲物,目空一切,杜甫又何尝不然?李白说"大鹏一日同风起,扶摇直上九万里"(《上李邕》),杜甫说"会当凌绝顶,一览众山小"(《望岳》),同样是豪言壮语,不过一虚一实而已。李白胸怀大志,以为卿相可以立取,杜甫又何尝不然?李白自称"奋其智能,愿为辅弼,使寰区大定,海县清一"(《代寿山答孟少府移文书》),杜甫也是"自谓颇挺出,立登要路津。致君尧舜上,再使风俗淳"(《奉赠韦左丞丈二十二韵》)。李白对孔子直呼其名:"我本楚狂人,凤歌笑孔丘。"(《庐山谣寄卢侍御虚舟》)杜甫亦曾口出狂言:"儒术于我何有哉?孔丘盗跖俱尘埃!"(《醉时歌》)反过来,杜甫关注现实,忧国忧民,李白又何尝不然?杜甫同情郑虔云:"诸公衮衮登台省,广文先生官独冷。甲第纷纷厌粱肉,广文先生饭不足。"(《醉时歌》)李白则说:"珠玉买歌笑,糟糠养贤才。"(《古风》)同样是谴责贤愚倒置的社会不公,不过一具体一抽象而已。杜甫说:"破胆遭前政,阴谋独秉钧。微生沾忌刻,万事益酸辛。"(《奉赠鲜于京兆二十韵》)李白则说:"君不见李北海,英风豪气今何在?君不见裴尚书,土坟三尺蒿棘居。"(《答王十二寒夜独酌有怀》)同是批判奸相李林甫妒贤害能的行径,不过语气有委婉、直露之别而已。杜甫在"三吏""三别"中叙说战乱中生灵涂炭的惨象,李白也写过"俯视洛阳川,茫茫走胡兵。流血涂野草,豺狼尽冠缨"(《古风五十九首》之一九),同样是哀伤百姓之苦难,不过一为近察一为远观而已。所以说李、杜二人的人生态度貌异实同,大同小异,相异的只是外在的行为,相同的则是内心的价值观和人生观。同样生活在大唐帝国由盛转衰的时代,同样身逢怀才不遇的命运,他们以不同的方式分别实现了对不如人意的现实人生的超越。行迹虽异,其心一也!

六位诗人中年代最晚的是苏轼和辛弃疾,屈、陶、李、杜都是他们的前人。苏轼心胸宽广,人生境界和文化成就都很广阔,人称"苏海"。无论是诗歌艺术还是人生态度,他对前人的继承都是兼收并蓄的。对于屈原,苏轼曾在《屈原塔》诗和《屈原庙赋》中极表敬意。特别值得注意的是,他对屈原自沉汨罗的壮烈行为深表赞许,诗中说"屈原古壮士,就死意甚烈。世俗安得知,眷眷不忍决",赋中又说"人固有一死兮,处死之为难。……违国去俗死而不顾兮,岂不足以免于后世",可谓三叹有余哀。对于李白,苏轼最为赞赏其笑傲王侯的气概:"平生不识高将军,手污吾足乃敢瞋,作诗一笑君应闻!"(《书丹元子所示李太白真》)若使李白闻之,定会大呼:"知我者东坡也!"对于杜甫,苏轼不但高度评价其诗歌造诣,高度肯定其"流落饥寒,终身不用,而一饭未尝忘君"(《王定国诗集叙》)的人格情操,而且颇有恨不同时的慨叹:"今谁主文字,公合把旌旄。开卷遥相忆,知音两不遭!"(《次韵张安道读杜诗》)对于陶渊明,苏轼既重其诗,更重其人,顶礼膜拜,五体投地。他不但逐篇追和全部陶诗,而且声称:"吾于诗人无所甚好,独好渊明之诗。"又说:"所以深服渊明,欲以晚节师范其万一也。"(见苏辙《子瞻和陶渊明诗集引》)苏轼对陶渊明的评价如此之高,以至于张戒认为陶诗"得东坡而后发明"(《岁寒堂诗话》卷上)。当然,陶渊明人生态度的意义,也是

"得东坡而后发明"。辛弃疾在诗歌创作上也是转益多师,在人生态度上则尤其推重屈原和陶渊明。与屈原一样,辛弃疾生逢国家的危急存亡之秋,他的雄才大略和报国热诚宛如屈子,他屡遭打击而九死无悔的精神也宛如屈子,他盛赞屈原的作品:"千古离骚文字,芳至今犹未歇。"(《喜迁莺》)他也追慕屈原的为人:"灵均恨不与同时,欲把幽香赠一枝!"(《和傅岩叟梅花》)与陶渊明一样,辛弃疾有志难酬,退隐山林,他仰慕陶渊明的高洁情怀:"须信采菊东篱,高情千古,只有陶彭泽。"(《念奴娇》)他对陶渊明的人格给予最崇高的评价:"若教王谢诸郎在,未抵柴桑陌上尘!"(《鹧鸪天》)他还目光如炬地看出了陶渊明人生态度中雄豪的一面:"看渊明,风流酷似,卧龙诸葛。"(《贺新郎》)可见苏、辛与屈、陶、李、杜虽然萧条异代不同时,但其心一也!

二 其他形式的诗意生存

中国历史上的优秀诗人数以百计,在人生境界上达到或接近诗意生存的也不在少数。除了上述六位诗人之外,我们还可以阅读哪些诗人呢?更准确地说,还有哪些诗人的生活态度或生活方式可以给我们带来特别的启迪呢?受篇幅的限制,下面且在唐宋两代的诗人中各选几位稍作介绍。

盛唐诗人王维和孟浩然都喜欢歌咏山水田园,虽然王维是趁着官宦生涯的余暇到山中别墅去度假,孟浩然则几乎终身都在家乡隐居,但他们对山水景物和田园生活的热爱却并无二致。王、孟的山水田园诗受到陶渊明的深刻影响,但又各具个性,清人沈德潜说:"陶诗胸次浩然,其中有一段渊深朴茂不可到处。唐人祖述者,王右丞有其清腴,孟山人有其闲远……皆学焉而得其性之所近。"(《说诗晬语》卷上)更重要的区别在于,王、孟隐居田园的生活方式相当显著地冲淡了陶渊明"带气负性"的牢骚情结,也相当显著地消减了陶渊明隐居生活的艰辛状态,从而纯化了在山水环境中的隐居生活所蕴含的诗意。王、孟身处盛唐,国家安定,民生富足,他们没有必要像陶渊明那样坚决拒绝现实政治。王维终身为官,过着亦官亦隐的生活,来往于长安与终南别业、辋

渔村小雪图　北宋·王诜　故宫博物院藏

川别业之间。孟浩然虽未入仕,但也曾多方求仕,不过因机遇不佳及性格狷介而未获成功,只得在家乡襄阳隐居终老。不难想象,如果孟浩然中年入仕,他多半会与王维一样亦官亦隐。王维的诗兼咏山水景物和田园生活,但他对两者的态度迥然相异。概而言之,对于渭南一带的农村生活,王维只是一个旁观者。食禄颇丰的他当然没有必要躬自稼穑,当时的农民生活也并非惨不忍睹而妨害诗人的吟兴。试看其《渭川田家》:"斜光照墟落,穷巷牛羊归。野老念牧童,倚杖候荆扉。雉雏麦苗秀,蚕眠桑叶稀。田夫荷锄至,相见语依依。即此羡闲逸,怅然吟式微。"描写乡村暮景极其生动,对农人淳朴

尾　声　迈向诗意的人生境界

生活的赞美也是由衷之言,但诗人只是一个旁观者,他只是歆羡田园生活而并未像陶渊明那样融入其中。王维对自然山水的热爱则是全心全意的,清幽秀丽的山水与悠闲自适的生活在王维的山水诗中浑融一体,从而产生了《辋川闲居赠裴秀才迪》这样的名篇:"寒山转苍翠,秋水日潺湲。倚杖柴门外,临风听暮蝉。渡头余落日,墟里上孤烟。复值接舆醉,狂歌五柳前。"孟浩然离陶渊明的境界更近一些,他虽曾远游名山大川,但长期隐居家乡,还曾稍事农桑。他与农民的关系相当亲密,"开轩面场圃,把酒话桑麻"(《过故人庄》),风格、意境与农家生活一样的朴素纯洁。但总的说来,孟浩然最为倾心的

还是自然美景,是在清丽自然中的闲适生活,请看其《秋登万山寄张五》:"北山白云里,隐者自怡悦。相望试登高,心随雁飞灭。愁因薄暮起,兴是清秋发。时见归村人,沙行渡头歇。天边树若荠,江畔洲如月。何当载酒来,共醉重阳节。"显然,王、孟笔下的山水既没有谢灵运诗中勉强叠加的玄言意味,也不像柳宗元诗因贬谪失意而生凄厉之感,从而凸现了山水自身固有的美丽清幽和静谧安宁。试读王维的《鸟鸣涧》:"人闲桂花落,夜静春山空。月出惊山鸟,时鸣春涧中。"桂花细微,只有心境闲逸之人才能看见或听到其下落,当然,环境的安静更是必要的条件。这是一个多么宁静迷人的春夜!诗人的心情又是多么的安详、愉快!再读孟浩然的《宿建德江》:"移舟泊烟渚,日暮客愁新。野旷天低树,江清月近人。"客舟孤系,又逢日暮,难免产生羁旅之愁,但是这一丝旅愁转瞬就被空旷清幽的自然环境彻底融化了。暮天比树木更低,不再高迥。明月映入清澈的江水,伸手可掬。多么亲切可爱的自然环境,它分明具有抚慰人心的神奇能力。王、孟的山水诗启迪我们,美丽的大自然不但是我们必需的生存环境,而且是我们亲切的精神家园。当我们在生活中感到不如意时,不妨到大自然中去寻找抚慰,那至少会带来暂时的精神超越。

尾 声 迈向诗意的人生境界

中唐诗人白居易的生平行迹中,有两件事引得后人议论纷纷,一是他对俸禄的态度,二是他的"中隐"思想。先看前者。白居易经常在诗中谈到自己的官职,进而说到俸禄、品服,清代史学家赵翼据此说白诗可当《旧唐书》中的《职官志》《食货志》和《舆服志》(详见《瓯北诗话》卷四)。对于这两件事,宋人有截然相反的评论。朱熹说:"乐天,人多说其清高,其实爱官职。诗中凡及富贵处,皆说得口津津地涎出。"(《朱子语类》卷一四零)洪迈却说:"白乐天仕宦,自壮及老,凡俸禄多寡之数,悉载于诗。虽波及他人,亦然。其立身廉清,家无余积,可以概见矣。"(《容斋五笔》卷八)再看后者。白居易五十八岁时写《中隐》诗说:"大隐住朝市,小隐入丘樊。丘樊太冷落,朝市太嚣喧。不如作中隐,隐在留司官。似出复似处,非忙亦非闲。"此年白氏以太子宾客分司洛阳,从此在洛阳"隐在留司官",也就是当有职无权的闲官。其实这种思想早在白氏四十二岁因直言进谏而被贬江州时已经萌生,后来一直贯穿其终生。对于这种人生态度,苏轼极表赞同,曾声称:"出处依稀似乐天,敢将衰朽较前贤。便从洛社休官去,犹有闲居二十年。"(《予去杭十六年而复来,留二年而去。平生自觉出处老少,粗似乐天,虽才名相远,而安分寡求,亦庶几焉。三月六日,来别南北山诸道人,而下天竺惠净师以丑石赠行,作三绝句》之二)今人则经常冠以"消极""倒退"等恶谥。这两件事其实都是源于白居易的一种人生态度,那便是乐天知命。白居易字乐天,"乐天"二字出自《周易·系辞上》的"乐天知命故不忧",意即顺从天命,故欢乐而无忧愁。"乐天知命"的人生态度中包含明哲保身的因素,但内涵更为广泛。它的精神基础源于孟子所说的"穷则独善其身",是对"达则兼济天下"的补充(《孟子·尽心上》)。在兼济之志已不可实现的前提下,转而关心自身,修身养性,颐养天年。乐天知命的通俗说法就是知足常乐,这是白居易最为后人关注的一种人生态度。白居易被贬江州(今江西九江),正处于失意透顶的人生低谷,但他在庐山建了一座"三间两柱"的简陋草堂,自称"外适内和,体宁心恬"(《草堂记》)。他还写信给好友元稹,自称在江州的生活有"三泰":一是合家团聚,"得同寒暖饥饱";二是俸禄尚够养家,"身衣口食,且免求人";三是盖了庐山草堂,"可以终老"。及至分司洛阳,更加自觉身心两适,作《从同州刺史改授太子少傅分司》云:"承华东署三分务,履道西池七过春。歌酒优游聊卒岁,园林潇洒可终身。留侯爵秩诚虚贵,疏受生涯未苦贫。月俸百千官二品,朝廷雇我作闲人。"白居易知足常乐的

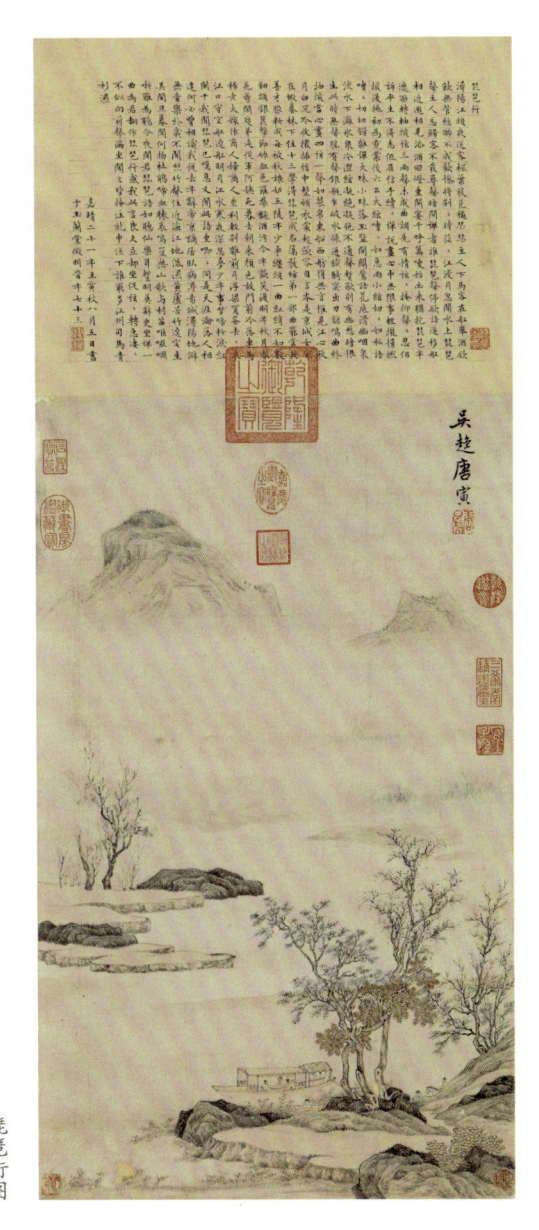

琵琶行图
明·唐寅
台北故宫博物院藏

态度是从哪里来的？如从思想上分析,情况相当复杂,比如儒家的中庸思想、佛教和道家思想等,都是其源头。但是最为直截了当的原因,则是其"比下有余"的思维方式。白居易六十三岁时曾作《吟四虽》诗,标题有点费解,原来诗中有四个"虽"字。"四虽"的具体内容是:"年虽老,犹少于韦长史。命虽薄,犹胜于郑长水。眼虽病,犹明于徐郎中。家虽贫,犹富于郭庶子。"他虽然有种种不如意之事,但与更倒霉的朋友相比,还是"比下有余"。于是他高兴地说:"省躬审分何侥幸,值酒逢歌且欢喜!"白居易六十七岁时又进而以古人为比较的对象,自称:"富于黔娄,寿于颜渊,饱于伯夷,乐于荣启期,健于卫叔宝。"(《醉吟先生传》)这五位古人中,有四人是著名的倒霉鬼:黔娄赤贫,颜渊早夭,伯夷饿死,卫玠体弱。白居易分别与他们比较贫富、寿夭、饥饱和健弱,当然稳操胜券。最有意思的是第五比:东晋名士卫玠,貌美而体弱,出行时观者如堵,二十七岁即死,"时人谓'看杀卫玠'"(《世说新语·容止》)。白居易相貌平常,若与卫玠比貌,必输无疑。但他与弱不禁风的卫玠比健康,就大获全胜了。经过如此的四比、五比,白居易心满意足,于是在后期白诗中,知足常乐成为最重要的主题。毋庸讳言,这种人生态度有其消极作用。但是在人生境遇已基本定型的前提下,

尾　声　迈向诗意的人生境界

它还是相当有意义的。社会地位也好,物质待遇也好,普通人永远处于"比上不足,比下有余"的状态。像白居易那样采取"比下有余"的思维方式,我们就能精神愉悦而避免烦恼,就能心态安宁而避免焦虑,从而在精神层面上实现对现实境遇的超越。人生苦短,与其用"比上不足"来折磨自己,何不采取"比下有余"来愉快度日呢?

著名诗人兼书法家黄庭坚,二十三岁就踏上仕途,终身都在宦海风波中浮沉,但他对政治并无多大兴趣,入仕之初就作诗说:"小吏有时须束带,故人颇问不休官。"(《冲雪宿新寨忽忽不乐》)相传此诗传至汴京,王安石读到后称赏说:"黄某清才,非奔走俗吏。"[1]虽然黄庭坚在政治上与苏轼同进同退,生前身后都被视作旧党,但他的政治态度远不如苏轼那样坚决,也没有卓著的政绩,他的兴趣集中于隐居生涯或书斋生活。试读其《登快阁》:"痴儿了却公家事,快阁东西倚晚晴。落木千山天远大,澄江一道月分明。朱弦已为佳人绝,青眼聊因美酒横。万里归船弄长笛,此心吾与白鸥盟。"此时黄庭坚三十八岁,任太和县令。正是血气方刚的壮年,

[1] 详见郑永晓《黄庭坚年谱新编》,社会科学文献出版社1997年版,第41页。

又是独当一面的地方长官,但诗人只用首句稍及官事,其余七句仿佛是描写隐士生活。等到进入馆阁,以及贬谪蛮荒,黄庭坚更把精力倾注于诗歌、书法等艺术活动。元祐年间,黄庭坚在汴京当了六年的馆阁文士。他与苏轼兄弟以及张耒、秦观、晁补之、陈师道等人时时聚会,酒酣耳热之后,赋诗论文,写字作画。黄庭坚心情愉快,写了大量题咏书画以及纸笔等文化用品的诗歌,同时也创作了大量的书法作品。绍圣以后,黄庭坚先后被贬到黔州(今重庆彭水)、戎州(今四川宜宾)等地,最后卒于宜州(今广西宜州)贬所。虽然身处危难,家人离散,生活艰辛,但黄庭坚的艺术活动从未停止。试看他的二则跋语:"绍圣甲戌,在黄龙山中,忽得草书三昧,觉前所作太露芒角。若得明窗净几,笔墨调利,可作数千字不倦,但难得此时会尔。"(《书自作草后》)"余在黔南,未甚觉书字绵弱。及移戎州,见旧书多可憎,大概十字中有三四差可耳。今方悟古人沉著痛快之语,但难为知音尔!"(《书右军文赋后》)绍圣年间,哲宗亲政,新党卷土重来,包括黄庭坚在内的旧党人士遭到更残酷的迫害,贬窜蛮荒,至死未还。可是黄庭坚一心沉潜于书法艺术的探讨,仿佛置身于险恶的政治风波之外。这固然应归功于他处变不惊的胸襟,但也得益于他对艺术

尾声　迈向诗意的人生境界

撵茶图　南宋·刘松年　台北故宫博物院藏

的深深热爱。对于黄庭坚来说,艺术才是生命的真谛,沉潜于艺术活动能够实现对庸俗人世的超越。北宋富有艺术气质的文人学士为数甚多,黄庭坚是其中出类拔萃的代表。黄庭坚不但喜爱诗文书画,而且喜欢饮茶、焚香,他把后者从平凡的日常生活变成了雅致的文化活动。相传黄庭坚入仕之初,长官富弼甚欲见之,"及一见,便不喜,语人曰:'将谓黄某如何?原来只是分宁一茶客!'"(《宋稗类钞》卷六)黄庭坚生于分宁县双井村,那里出产一种有名的"双井茶"。黄庭坚善于品茶,而且喜爱咏茶,试读其《双井茶送子瞻》:"人间风日不到处,天上玉堂森宝书。想见东坡旧居士,挥毫百斛泻明珠。我家江南摘云腴,落硙霏霏雪不如。为公唤起黄州梦,独载扁舟向五湖。"这样的饮茶哪里还是一种普通的生活内容,分明是超凡脱俗的文化活动!黄庭坚也喜爱焚香,还善于制香,在宋末陈敬所著的《陈氏香谱》中,便记载了黄氏发明的"黄太史四香"。黄庭坚焚香是为了什么?让我们读他的两首咏香小诗:"险兵游万仞,躁欲生五兵。隐几香一炷,灵台湛空明。""昼食鸟窥台,宴坐日过砌。俗氛无因来,烟霏作舆卫。"(《贾天锡惠宝薰乞诗予以兵卫森画戟燕寝凝清香十字作诗报之》之一、二)原来他认为缭绕的香烟能够抵御尘俗的氛埃,从而保持心灵的清闲空明。在黄庭坚的生活中,品茶、焚香与诗文、书画具有同样重要的意义,试读其名篇《题落星寺》:"落星开士深结屋,龙阁老翁来赋诗。小雨藏山客坐久,长江接天帆到迟。宴寝清香与世隔,画图妙绝无人知。蜂房各自开户牖,处处煮茶藤一枝。"诗歌主人公的赋诗、赏画、焚香、品茶等活动,加上客观环境的山水和建筑,可谓"四美俱,二难并"!它们共同构建成一个幽雅脱俗的生活境界,从而超越了尘俗。即使在艰难窘迫的处境中,黄庭坚也不改故态,请看作于宜州的一则短跋:"予所僦舍喧寂斋,虽上雨傍风,无有盖障,市声喧愦,人以为不堪其忧,余以为家本农耕,使不从进士,则田中庐舍如是,又可不堪其忧邪?既设卧榻,焚香而坐,与西邻屠牛之机相直。为资深书此卷,实用三钱买鸡毛笔书。"(《题自书卷后》)在如此喧嚣尘浊的破屋里焚上一炷香,然后展笔作书,一个超凡脱俗的幽静环境就此生成了!亲爱的读者朋友,当我们处于喧嚣尘俗的环境而暂时无法逃脱时,像黄庭坚那样沉浸于艺术世界去安放自己的心灵,不失为一条超越之路。

南宋诗人陆游,一生中三度归隐山阴(今浙江绍兴),在镜水稽山间度过了长达三十年的闲居生活。陆游描写闲居生活的诗歌有一个显著的特点,就是经常写到他的家人,尤其是其儿孙。今人钱锺书批评陆游"好誉儿"[1],其实陆诗中写及儿辈的诗很少夸耀他们,要有也只是说他们与父亲一样喜爱读书而已,比如:"到家夜已半,伫立叩蓬户。稚子犹读书,一笑慰迟暮。"(《夜出偏门还三山》)陆游经常指导儿辈读书:"六经如日月,万世固长

---

[1] 钱锺书《谈艺录》三七《放翁二痴事二官腔》,中华书局1984年版,第132页。

悬。……我老空追悔,儿无弃壮年。"(《六经示儿子》)陆诗中父子同灯夜读的景象反复出现:"自怜未废诗书业,父子蓬窗共一灯。"(《白发》)"父子更兼师友分,夜深常共短灯檠。"(《示子聿》)贫家爱惜膏油,故父子同灯共读,其情可悯复可羡。陆游年登耄耋之后,还由教子转为教孙:"诸孙入家塾,亲为授三苍。"(《小雨》)除了读书之外,陆游也希望儿孙勤于稼穑:"仍须教童稚,世世力耕桑。"(《村舍》)甚至希望业已出仕的儿子早退归农:"更祝吾儿思早退,雨蓑烟笠事春耕。"(《读书》)陆诗中有不少对儿辈的训诫之诗,感人最深的是《送子龙赴吉州掾》。这是诗人七十七岁时送别次子陆子龙而作,诗中先诉说家境贫寒导致父子分离:"我老汝远行,知汝非得已。……人谁乐离别,坐贫至于此。"然后惦念着儿子旅途艰难:"汝行犯胥涛,次第过彭蠡。波横吞舟鱼,林啸独脚鬼。野饭何店炊,孤棹何岸舣?"诗的主要篇幅用来训导儿子到任后应该忠于职守、廉洁正直。最后嘱咐子龙勤写家书:"汝去三年归,我倘未即死。江中有鲤鱼,频寄书一纸!"阅读此诗,恍如亲闻一位慈祥的老父亲对儿子的临别赠言,那些话说得絮絮叨叨,周详剀切,至情流露,感人至深。陆游安贫乐道,儿孙满堂是其晚年生活中最大的乐趣:"病卧湖边五亩园,雪风一夜坼芦藩。燎炉薪炭衣篝暖,围坐儿孙笑语温。菜乞邻家作菹美,酒赊近市带醅浑。平居自是无来客,明日冲泥谁叩门?"(《雪夜》)风雪之夜,合家围坐在火炉边说说笑笑,世间乐事,孰能愈此!有了天伦之乐,即使是贫寒的生活也会增添几分暖意:"夜深青灯耿窗扉,老翁稚子穷相依。斋盐不给脱粟饭,布褐仅有悬鹑衣。偶然得肉思共饱,吾儿苦让不忍违。"(《书叹》)父子情深,一至于此!陆游还笃于伉俪之情,他与前妻唐氏的凄婉故事不知感动了多少后人,试读其《沈园》:"城上斜阳画角哀,沈园非复旧池台。伤心桥下春波绿,曾是惊鸿照影来。""梦断香消四十年,沈园柳老不吹绵。此身行作稽山土,犹吊遗踪一泫然!"四十年时光流逝,仍未能冲淡心中的哀痛,那是怎样的深哀巨痛!近人陈衍评得好:"无此绝等伤心之事,亦无此绝等伤心之诗。就百年论,谁愿有此事?就千秋论,不可无此诗!"(《宋诗精华录》卷三)人生在世,其实是非常孤独的。所谓世态炎凉,其实质便是人情淡薄。由于血缘的关系,家庭内部的关系往往是亲密、真挚的。以和睦的家庭为出发点,逐步将感情和关怀延伸到社会,便是儒家"老吾老以及人之老,幼吾幼以及人之幼"观念的深层心理机制。陆游对此心领神会,故特别重视家庭伦彝,他还把这种感情延伸至亲戚、乡邻:"北陌东阡好弟兄,耄年幸复主齐盟。同尝春韭秋菘味,共听朝猿夜鹤声。"(《示邻曲》)"驴肩每带药囊行,村巷欢欣夹道迎。共说向来曾活我,生儿多以陆为名。"(《山村经行因施药》)陆游还将手足深情延伸到朋友之间,他与一些名不见经传的普通人结下了生死不渝的友谊。独孤策其人,除了陆诗以外不见于任何典籍,但他是陆游心目中可共大事的一位奇士。独孤的生平略见于陆游的一首诗题:"独孤生策,字景略,河中人。工文善射,喜击剑,一世奇士也。有自峡中来者,言其死于忠涪间。感涕赋诗。"诗中还推崇独孤:"气钟太华中条秀,文在先秦两汉间。"可惜独孤策老于草莱,赍志以没。陆游在诗中多次写到独孤策,请看其中的《夜归偶怀故人独孤景略》:"买醉村场半夜归,西山落月照柴扉。刘琨死后无奇士,独听荒鸡泪满衣。"诗人在夜半孤寂之时忽然想到亡友,不禁回忆起当年两人邂逅相逢、意气相投的经历,全诗意境沉郁,一位笃于友情的诗人宛在读者目前。陆游退居山阴,本来怀着壮志未酬和宦海浮沉的双重失落感,但家人、乡亲和友人的脉脉温情抚平了他的心灵创伤。诗人长达三十年的村居生活原是寂寞、无聊的,是亲情、乡情和友情使它产生了幸福感和美感,并进而上升为诗意。这种超越凡庸卑俗的机会原是唾手可得的,我们为何不像陆游一样紧紧地抓住它们呢?

三 诗意观照下的生活细节

假如我们在屈原、陶渊明、李白、杜甫、苏轼、辛弃疾等诗人面前自惭形秽,觉得他们的人生境界有点高不可攀;假如我们在喧嚣、污浊的现实世界中沉沦已久,心灵已被世俗的巨大阴影遮蔽得暗淡无光;假如我们在现实生活中老是遇到庸俗和卑微,却很难发现诗意的光芒,那么,我们还能超越眼前的真实处境吗?我们还能对诗意人生抱有希望吗?

笔者的回答是:能!鲁迅说得好:"绝望之为虚妄,正与希望相同!"(《希望》)既然如此,与其放弃努力自甘沉沦,不如自我振作奋起直追,只有这样才能踏上人生的向上一路。要问怎样才能自我振作?读诗是最为简单易行的一种方法。本书的引言中说过:"读诗,阅读本书所选六位诗人的好诗,一定会使我们从浑浑噩噩的昏沉心境中蓦然醒悟,一定会使我们从紫陌红尘的庸俗环境中猛然挣脱,从而朝着诗意生存的方向大步迈进。"如果读者朋友面对着古代诗人的全集有点望而生畏,不妨先从经常出现在各种古诗选本中的著名篇章读起,因为那些作品都是在某些特定的生活场景中有感而发,它们展示了诗意眼光中的生活细节,它们启示我们:生活中处处都有诗意的存在,对诗意人生的追求可以从点点

松下曳杖图

北宋·许道宁
台北故宫博物院藏

滴滴做起。

当你感到世路艰难、壮志难酬时,千万不要灰心丧志,请读吴均的《赠王桂阳》:"松生数寸时,遂为草所没。未见笼云心,谁知负霜骨?弱干可摧残,纤茎易凌忽。何当数千尺,为君覆明月!"以及陆游的《长歌行》:"人生不作安期生,醉入东海骑长鲸。犹当出作李西平,手枭逆贼清旧京。金印煌煌未入手,白发种种来无情。成都古寺卧秋晚,落日偏傍僧窗明。岂其马上破贼手,哦诗长作寒螀鸣。兴来买尽市桥酒,大车磊落堆长瓶。哀丝豪竹助剧饮,如钜野受黄河倾。平时一滴不入口,意气顿使千人惊。国仇未报壮士老,匣中宝剑夜有声。何当凯旋宴将士,三更雪压飞狐城。"

当你受到社会的不公正待遇,尤其是因家庭贫寒而怀才不遇时,请读左思的《咏史》:"郁郁涧底松,离离山上苗。以彼径寸茎,荫此百尺条。世胄蹑高位,英俊沉下僚。地势使之然,由来非一朝。金张藉旧业,七叶珥汉貂。冯公岂不伟,白首不见招。"以及鲍照的《拟行路难》:"对案不能食,拔剑击柱长叹息。丈夫生世会几时,安能蹀躞垂羽翼?弃置罢官去,还家自休息。朝出与亲辞,暮还在亲侧。弄儿床前戏,看妇机中织。自古圣贤皆贫贱,何况我辈孤且直!"

当你人生失意,夜间辗转难眠时,不妨起身挑灯,读读阮籍的《咏怀》:"夜中不能寐,起坐弹鸣琴。薄帷鉴明月,清风吹我襟。孤鸿号外野,翔鸟鸣北林。徘徊将何见,忧思独伤心。"以及岳飞的《小重山》:"昨夜寒蛩不住鸣。惊回千里梦,已三更。起来独自绕阶行。人悄悄,帘外月胧明。　　白首为功名。旧山松竹老,阻归程。欲将心事付瑶琴。知音少,弦断有谁听?"

当你觉得生活平淡无味,当你对生活的全部内容就是日复一日的饮食起居感到厌倦时,请读陶渊明的《和郭主簿》:"蔼蔼堂前林,中夏贮清阴。凯风因时来,回飙开我襟。息交游闲业,卧起弄书琴。园蔬有余滋,旧谷犹储今。营己良有极,过足非所钦。春秫作美酒,酒熟吾自斟。弱子戏我侧,学语未成音。此事真复乐,聊用忘华簪。遥遥望白云,怀古一何深。"以及杜甫的《江村》:"清江一曲抱村流,长夏江村事事幽。自去自来堂上燕,相亲相近水中鸥。老妻画纸为棋局,稚子敲针作钓钩。多病所需惟药物,微躯此外更何求?"

当你因时光迅速、年华虚度而心生惆怅、烦恼时,请读陶渊明的《杂诗》:"白日沦西阿,素月出东岭。遥遥万里辉,荡荡空中景。风来入房户,夜中枕席冷。气变悟时易,不眠知夕永。欲言无予和,挥杯劝孤影。日月掷人去,有志不获骋。念此怀悲凄,终晓不能静。"以及李白的《宣州谢朓楼饯别校书叔云》:"弃我去者,昨日之日不可留。乱我心者,今日之日多烦忧。长风万里送秋雁,对此可以酣高楼。蓬莱文章建安骨,中间小谢又清发。俱怀逸兴壮思飞,欲上青天揽明月。抽刀断水水更流,举杯销愁愁更愁。人生在世不称意,明朝散发弄扁舟。"

当你发现良辰美景转瞬即逝,从而产生及时行乐的想法时,请读陶渊明的《拟古》:"日暮天无云,春风扇微和。佳人美清夜,达曙酣且歌。歌竟长叹息,持此感人多。皎皎云间月,灼灼叶中华。岂无一时好,不久当如何?"以及韩愈的《同水部张员外籍曲江春游寄白二十二舍人》:"漠漠轻阴晚自开,青天白日映楼台。曲江水满花千树,有底忙时不肯来?"

当你偶然来到山清水秀的名胜之地游览休憩时,务必要细细品味,请读王维的《青溪》:"言入黄花川,每逐青溪水。随山将万转,趣途无百里。声喧乱石中,色静深松里。漾漾泛菱荇,澄澄映葭苇。我心素已闲,清川澹如此。请留磐石上,垂钓将已矣。"以及韩愈的《山石》:"山石荦确行径微,黄昏到寺蝙蝠飞。升堂坐阶新雨足,芭蕉叶大栀子肥。僧言古壁佛画好,以火来照所见稀。铺床拂席置羹饭,疏粝亦足饱我饥。夜深静卧百虫绝,清月出岭光入扉。天明独去无道路,出入高下穷烟霏。山红涧碧纷烂漫,时见松枥皆十围。当流赤足踏涧石,水声激激风吹衣。人生如此自可乐,岂必局束为人靰。嗟哉吾党二三子,安得至老不更归!"

当你偶然发现难得的清景时,千万不要轻易放过,请读柳宗元的《雨后晓行独至愚溪北池》:"宿云散洲渚,晓日明村坞。高树临清池,风惊夜来雨。予心适无事,偶此成宾主。"以及苏轼的《舟中夜起》:"微风萧萧吹菰蒲,开门看雨月满湖。舟人水鸟两同梦,大鱼惊窜如奔狐。夜深人物不相管,我独形影相嬉娱。暗潮生渚吊寒蚓,落月挂柳看悬蛛。此生忽忽忧患里,清境过眼能须臾。鸡鸣钟动百鸟散,船头击鼓还相呼。"

当你因连日阴雨而心情烦闷时,请读秦观的《浣溪沙》:"漠漠轻寒上小楼,晓阴无赖似穷秋。淡烟流水画屏幽。　　自在飞花轻似梦,无边丝雨细如愁。宝帘闲挂小银钩。"以及贺铸的《青玉案》:"凌波不过横塘路,但目送、芳尘去。锦瑟华年谁与度?月桥花院,琐窗朱户,只有春知处。　　碧云冉冉蘅皋暮,彩笔新题断肠句。试问闲愁都几许?一川烟草,满城风絮,梅子黄时雨。"

当你移居择得佳邻,或是希望如此时,请读陶渊明

尾　声　迈向诗意的人生境界

橙黄橘绿图

北宋·赵令穰
台北故宫博物院藏

的《移居》:"昔欲居南村,非为卜其宅。闻多素心人,乐与数晨夕。怀此颇有年,今日从兹役。弊庐何必广,取足蔽床席。邻曲时时来,抗言谈在昔。奇文共欣赏,疑义相与析。"以及白居易的《欲与元八卜邻先有是赠》:"平生心迹最相亲,欲隐墙东不为身。明月好同三径夜,绿杨宜作两家春。每因暂出犹思伴,岂得安居不择邻。可独终身数相见,子孙长作隔墙人。"

当你身处异乡,佳节来临,因而格外思念远方的亲友时,请读王维的《九月九日忆山东兄弟》:"独在异乡为异客,每逢佳节倍思亲。遥知兄弟登高处,遍插茱萸少一人!"以及苏轼的《水调歌头》:"明月几时有,把酒问青天。不知天上宫阙,今夕是何年?我欲乘风归去,又恐琼楼玉宇,高处不胜寒。起舞弄清影,何似在人间! 转朱阁,低绮户,照无眠。不应有恨,何事长向别时圆?人有悲欢离合,月有阴晴圆缺,此事古难全。但愿人长久,千里共婵娟。"

当你送别友人前往远方,挥手作别,依依不舍时,请读王维的《送元二使安西》:"渭城朝雨浥轻尘,客舍青青柳色新。劝君更尽一杯酒,西出阳关无故人。"以及李白的《黄鹤楼送孟浩然之广陵》:"故人西辞黄鹤楼,烟花三月下扬州。孤帆远影碧空尽,惟见长江天际流。"

当你与情人相别,缠绵悱恻,难舍难分之际,请读牛希济的《生查子》:"春山烟欲收,天淡星稀小。残月脸边明,别泪临清晓。 语多情未了,回首犹重道。记得绿罗裙,处处怜芳草。"以及柳永的《雨霖铃》:"寒蝉凄切,对长亭晚,骤雨初歇。都门帐饮无绪,方留恋处,兰舟催发。执手相看泪眼,竟无语凝噎。念去去千里烟波,暮霭沉沉楚天阔。 多情自古伤离别,更那堪、冷落清秋节。今宵酒醒何处?杨柳岸,晓风残月。此去经年,应是良辰好景虚设。便纵有千种风情,更与何人说!"

当你思念远方的友人时,请读杜甫的《春日忆李白》:"白也诗无敌,飘然思不群。清新庾开府,俊逸鲍参军。渭北春天树,江东日暮云。何时一尊酒,重与细论文?"以及韦应物的《寄全椒山中道士》:"今朝郡斋冷,忽念山中客。涧底束荆薪,归来煮白石。欲持一瓢酒,远慰风雨夕。落叶满空山,何处寻行迹?"

当你思念远方的情人时,请读韦庄的《女冠子》:"四月十七,正是去年今日,别君时。忍泪佯低面,含羞半敛眉。　不知魂已断,空有梦相随。除却天边月,没人知。"以及姜夔的《踏莎行》:"燕燕轻盈,莺莺娇软。分明又向华胥见。夜长怎得薄情知,春初早被相思染。　别后书辞,别时针线。离魂暗逐郎行远。淮南皓月冷千山,冥冥归去无人管。"

当你不幸失恋时,如果是惊鸿一瞥就无缘再见,请读崔护的《题都城南庄》:"去年今日此门中,人面桃花相映红。人面不知何处去,桃花依旧笑春风。"如果曾有一段缱绻深情却被命运拆散,请读晏几道的《临江仙》:"梦后楼台高锁,酒醒帘幕低垂。去年春恨却来时。落花人独立,微雨燕双飞。　记得小蘋初见,两重心字罗衣。

琵琶弦上说相思。当时明月在,曾照彩云归。"

当你人在异乡,独对寒灯备感孤寂时,请读戴叔伦的《除夜宿石头驿》:"旅馆谁相问?寒灯独可亲。一年将尽夜,万里未归人。寥落悲前事,支离笑此身。愁颜与衰鬓,明日又逢春。"以及李商隐的《夜雨寄北》:"君问归期未有期,巴山夜雨涨秋池。何当共剪西窗烛,却话巴山夜雨时。"

当你在暮色渐浓的黄昏心有所感时,如果你性格刚强,不妨读读韩愈的《秋怀》:"卷卷落地叶,随风走前轩。鸣声若有意,颠倒相追奔。空堂黄昏暮,我坐默不言。童子自外至,吹灯当我前。问我我不应,馈我我不餐。退坐西壁下,读诗尽数编。作者非今士,相去时已千。其言有感触,使我复凄酸。顾谓汝童子,置书且安眠。丈人属有念,事业无穷年。"如果你愁肠百结,就请读李清照的《声声慢》:"寻寻觅觅,冷冷清清,凄凄惨惨戚戚。乍暖还寒时候,最难将息。三杯两盏淡酒,怎敌他晚来风急。雁过也,正伤心,却是旧时相识。 满地黄花堆积,憔悴损,如今有谁堪摘?守着窗儿,独自怎生得黑!梧桐更兼细雨,到黄昏、点点滴滴。这次第,怎一个愁字了得!"

当你少小离家,父母亲不厌其烦地为你打点行李,并对你谆谆嘱咐时,务必珍重他们的一片心意,请读孟郊的《游子吟》:"慈母手中线,游子身上衣。临行密密缝,意恐迟迟归。谁言寸草心,报得三春晖?"以及韦应物的《送杨氏女》:"永日方戚戚,出行复悠悠。女子今有行,大江溯轻舟。尔辈苦无恃,抚念益慈柔。幼为长所育,两别泣不休。对此结中肠,义往难复留。自小阙内训,事姑贻我忧。赖兹托令门,任恤庶无尤。贫俭诚所尚,资从岂待周。孝恭遵妇道,容止顺其猷。别离在今晨,见尔当何秋?居闲始自遣,临感忽难收。归来视幼女,零泪缘缨流。"

当你与家人分居两地,却已多时没有给他们写信时,请读张籍的《秋思》:"洛阳城里见秋风,欲作家书意万重。复恐匆匆说不尽,行人临发又开封。"以及岑参的《逢入京使》:"故园东望路漫漫,双袖龙钟泪不干。马上相逢无纸笔,凭君传语报平安。"

当你决定要给家人写信时,古诗中颇有以诗代柬的典范作品为你提供参考。如果要写信给孩子,请读李白的《寄东鲁二稚子》:"吴地桑叶绿,吴蚕已三眠。我家寄东鲁,谁种龟阴田?春事已不及,江行复茫然。南风吹归心,飞堕酒楼前。楼东一株桃,枝叶拂青烟。此树我所种,别来向三年。桃今与楼齐,我行尚未旋。娇女字平阳,折花倚桃边。折花不见我,泪下如流泉。小儿名伯禽,与姊亦齐肩。双行桃树下,抚背复谁怜?念此失次第,肝肠日忧煎。裂素写远意,因之汶阳川。"如果想写信给长辈,请读孔平仲的《代小子广孙寄翁翁》:"爹爹来密州,再岁得两子。牙儿秀且厚,郑郑已生齿。翁翁尚未见,既见想欢喜。广孙读书多,写字辄两纸。三三足精神,大安能步履。翁翁虽旧识,伎俩非昔比。何时得团聚,尽使罗拜跪。婆婆到辇下,翁翁在省里。大婆八十五,寝膳近何似?爹爹与奶奶,无日不思尔。每到时节佳,或对饮食美。一一俱上心,归期常屈指。昨日又开炉,连天北风起。饮阑却萧条,举目数千里。"

当你重逢多年未见的亲友,把盏话旧,酒酣耳热时,请读王安石的《示长安君》:"少年离别意非轻,老去相逢亦怆情。草草杯盘供笑语,昏昏灯火话平生。自怜湖海三年隔,又作尘沙万里行。欲问后期何日是,寄书应见雁南征。"以及杜甫的《赠卫八处士》:"人生不相见,动如参与商。今夕复何夕,共此灯烛光。少壮能几时,鬓发各已苍。访旧半为鬼,惊呼热中肠。焉知二十载,重上君子堂。昔别君未婚,儿女忽成行。怡然敬父执,问我来何方。问答未及已,驱儿罗酒浆。夜雨剪春韭,新炊间黄粱。主称会面难,一举累十觞。十觞亦不醉,感

桃源春晓图

元·王蒙

台北故宫博物院藏

子故意长。明日隔山岳,世事两茫茫。"

当你在垂暮之年回首平生,百感交集时,请读陈与义的《临江仙》:"忆昔午桥桥上饮,座中多是豪英。长沟流月去无声。杏花疏影里,吹笛到天明。 二十余年如一梦,此身虽在堪惊。闲登小阁看新晴。古今多少事,渔唱起三更。"以及蒋捷的《虞美人》:"少年听雨歌楼上,红烛昏罗帐。壮年听雨客舟中,江阔云低,断雁叫西风。 而今听雨僧庐下,鬓已星星也。悲欢离合总无凭,一任阶前点滴到天明。"

……

够了,够了!无论我们再补充多少例子,永远都会有挂一漏万的缺点,因为古代诗歌宝库中的瑰宝实在是多得举不胜举;也因为古诗的内容包罗万象,巨细无遗地覆盖了诗意人生的各种形态和细节。况且最好的做法是请读者朋友自行从古诗宝库中寻找那些长期沉埋在尘土中的明珠,拂去灰尘,让它们重新焕发熠熠光辉,那样最能在你内心深处引起一见如故的惊喜。

亲爱的读者朋友,既然古典诗歌能给我们带来如许益处,你还犹豫什么呢?赶紧开始读诗吧!《诗经》《楚辞》、唐诗、宋词,那是祖先留给我们的无价之宝,是指引我们迈向诗意生存的人生指南!